Одеты камнем

Одеты камнем

Copyright © 2023 Ink Stone Books Publishing

ISBN: 978-1-64439-855-5

Ольга Форш

Одеты камнем

ISBN: 978-1-64439-855-5

ОДЕТЫ КАМНЕМ

(Таинственный узник Алексеевского равелина)

"Одет камнем при императрице Екатерине II"
Надпись на Трубецком бастионе

Часть первая

Глава первая

Бывший человек

Двенадцатого марта 1923 года, в день, когда мне, Сергею Русанину, стукнуло восемьдесят три года, произошло нечто, добившее в корне мои чувства монархиста и дворянина. Одновременно с этим пал последний запрет с моих уст предать гласности то, что хранил я в безмолвии всю жизнь. Но об этом потом...

Я родился в сороковом году, пережил четырех императоров и четыре крупных войны; из них последняя — беспримернейшая и мировая. Я служил в кавалерии, отличался на Кавказе и пошел было в гору, но в восемьдесят седьмом году одно событие меня выбило из седла, так сказать, без возврата в первобытное состояние. Я вышел в отставку и зарылся отшельником в своем имении, пока в революцию его не сожгли. Наше Угорье — Н-ской губернии, рядом с бывшим имением Лагутина.

Вместе дедушки покупали, вместе бабушки обсуждали, что, дескать, подрастут: у одних внук, у других внучка и, соединившись узами Гименея, естественно, сольют воедино угодья. В таком расчете и в соответствии с планом местности и покупали дальнейшие десятины.

Да, вместе росли, играли, учились я и Вера Лагутина. В семнадцать лет соловья слушали и кое в чем обещались навеки. И вышло бы все так, как тогда выходило, по родительскому

1

предрешению с отвечающим расположением взаимности, если бы не собственная (моя дурость. Сам себе яму вырыл.

Привез я на последние каникулы своего товарища Михаила. В пятьдесят девятом году поступил он к нам из киевского Владимирского кадетского корпуса прямо на третий курс, а мы все — из столичных кадет, косились на провинцию. Да и нелюдимый он был такой, все читает. Из себя же весьма пригож, вроде итальянца: глаза горят, а брови союзные. Родом он был из Бессарабии; по отцу не то румын, не то молдаванин.

Про наружность Михаила в архивных о нем изысканиях нет ни слова, да и не мудрено. В тюрьме запечатлевают того, кому хоть когда-нибудь суждено быть на свободе, на случай, если он опять в чем-нибудь попадется. У Михаила же судьба иная: о нем, на протяжении двадцати лет, каждое первое число месяца шел государю доклад: там-то сидит такой-то...

И каждый раз государю благоугодно было подтвердить собственный приказ от шестьдесят первого года, второго ноября, об оставлении Михаила в одиночном заключении впредь до особого распоряжения.

Типографии эти последние слова надлежит всегда брать в разрядку, чтобы хоть своим внешним видом, отличным от однородного шрифта страниц, одернуть равнодушного читателя, преданного одним собственным радостям и страданиям.

Внимание, читатель, внимание! Особого распоряжения не последовало ни-ко-гда!

Заключенный без суда и без следствия, по одному собственному оговору, прекраснейший юноша свои юные и зрелые годы до самой смерти провел в одиночестве в Алексеевском равелине.

Последующему царю Александру III директором департамента полиции Плеве был представлен все тот же доклад, и записано высочайшее повеление: если узник пожелает, выпустить его и свезти в далекие малолюдные места Сибири на жительство.

Правдоподобно допустить, что, при общей системе жестокого лицемерия, начальник тюрьмы представил эту резолюцию давно безумному человеку, забывшему даже собственное имя. И в ответ на торжественно прочтенную бумагу, вызывая хохот сторожей, Михаил, должно быть, нырнул под койку и плотно забился к стене, как проделывал он поздней в сумасшедшем доме в Казани, когда входил в одиночку к нему человек.

Не проделал он этого только при последней встрече со

2

мной, и лишь потому, вероятно, что прыгнуть с койки у него уже не было сил. Ведь это был его последний, смертный час. Но ужас его раскрытых глаз при виде близко подошедших людей и смертная мука замученного, которому бы убежать от мучителей, — это все со мною о утра и до вечера, все часы моей жизни.

И как могло быть иначе? Ведь не кто иной, как я, истинный виновник этой беспримерной, превышающей силы человека, одинокой и ненужной гибели.

Иной читатель, прочтя мои записки, скажет, что состав моего преступления, так сказать, психологический и что строжайший суд меня бы оправдал. Но разве не известен читателю случай, когда иной даже совсем безответственный человек, оправданный единогласно присяжными, кончал с собой, засудив себя судом собственной совести?

Загадочность судьбы Михаила давно волновала исследователей. Один из них, желая раскрыть тайну этой русской Железной Маски, еще в 1905 году обращался в печати ко всем, прося дать хоть какие-нибудь сведения, проливающие свет на это дело. Я заболел нервным расстройством, но сведений не дал. Я еще не был готов. Я еще был не тот, что сейчас. Я не мог сказать громко: предатель Михаила Бейдемана, заключенного без суда и следствия в Алексеевском равелине, — я, Сергей Русанин, его товарищ по Константиновскому училищу.

Совсем недавно собраны и оглашены подлинные архивные документы об особо важных, доныне таинственных узниках.

Иван Потапыч, мой хозяин из общежития, приносит книжку, другую. Принес и эти листки. Сам прочел и дал мне: вот, говорит, житие многострадальных людей; хоть и злоумышленники они, а без слез не прочесть.

Взял я, многократно прочел... О, как жестоки, как обличительны неподкупные события в кратких сведениях о Михаиле! Земля ушла из-под ног. Некая громада рухнула, придавила. Так, верно, бывает, когда минер той самой миной, что им заложена, чтобы взорвать неприятеля, взрывается сам. Шестьдесят один год тому назад была заложена моя мина.

Да, конечно, не мне, старику, пережившему четыре царствования четырех императоров, было безнаказанно переживать революцию.

Зачем не погиб я с доблестью, как погибли товарищи, на поле бранном или по приговору Ревтрибунала как несокрушимый, но честный враг? Кем войду я в память потомства? Как назовут?

Но будь что будет: мой час пробил, и я все расскажу.

От производства шестьдесят первого года сейчас нас осталось два константиновца: я и Горецкий 2-й, генерал от инфантерии, кавалер Георгия высшей степени при золотом оружии. Ныне Горецкий 2-й с трудкнижкой — Савва Костров, гражданин города Велижа, надзиратель в театре за мужской уборной.

Наголодавшись, он доволен тихим местом, хвалится, что порядок навел образцовый, а чаевых столько, что хватает ему на халву. Человек, в свое время проевший два состояния, ныне, как маленький, рад фунту халвы.

В последнюю встречу я спросил его: "А помнишь ли, братец, атаку аула Гильхо?" Взбодрился, замахнулся, как саблей, старой шваброй, которой тер изразцовый пол своего учреждения. Подробно вел речь. Но вот генерала назвал он неверно. Не Войноранский, а сам он, Горецкий 2-й, в безумной вылазке взял этот аул.

Старик пропустил себя, забыл свое имя. Михаил Бейдеман в безумии звал себя — Шевич, запомнив случайную надпись на стене, а я... да неужто исполнится надо мной то предсказание в Париже?

Но это не к делу. Хотя, конечно, как говорят китайцы, предав гласности мои записки, я потеряю свое лицо.

Еще при жизни выпадает на долю иного человека умереть и будто жить снова. Вернее, какой-то оставшейся силой, объедками себя самого, таскать, пока оно не истлеет, свое изможденное тело.

Горецкий 2-й на коне, перед войском, сабля наотмашь, — так его печатали полвека назад, — и он же блюститель уборной.

Я дал ему на четверть фунта халвы, когда недавно, прощаясь, поцеловал его, единственного, который знает меня как Сергея Русанина.

Когда рукопись эта появится в свет и о том, кто был я в отношении к другу, узнает всякий, надо надеяться, я не буду в живых.

Вон оно предо мною — роковое мне изыскание о судьбе Михаила! В комиссию архивных работ пошлю и я свою лепту. В ней будет заключаться как раз то, чего узнать невозможно ни из каких источников, кроме одной моей погибшей души.

Я живу в большом доме, имеющем историческое прошлое. В зале его с лепным потолком бывали блестящие балы, а у меня — первые успехи в свете. Позднее, при переходе дома в частные руки, я там продувался на бильярде Горецкому, который без промаха резал шара и в среднюю лузу и в угол и знаменит был

4

своими клопштоссами. Там же, в отдельных кабинетах, мы напивались до положения риз, и лакеи, завернув нас в николаевки, развозили под утро домой.

У меня кутежи эти были припадками от невыносимых страданий несчастной любви к Вере, — о ней повесть ниже. Особенно бесшабашен был я в тот год, когда Михаил прямо из войск Гарибальди, едва вступив на границу Финляндии, пропал без вести и, как сейчас только стало известно, уже на веки вечные был замурован в каменный мешок равелина.

Но вернемся к порядку дня, как сейчас говорят...

Ныне я помещаюсь на третьем дворе, в самом поднебесье этого многопамятного мне дома.

Меня взял жильцом-нянькой к внучатам Иван Потапыч, бывший лакей последнего владельца.

Ивану Потапычу всего шестьдесят лет, и он крепкий старик бобыль с двумя девчонками. Невестку с сыном унес тиф, дети сами пришли к дедушке, куда же им еще?

Здесь, в доме, общежитие и столовая. Потапыч ходит мыть посуду, за что повар ему отпускает обед: супа — три порции, второго — две. Одной тарелкой с ломтем черного хлеба я сыт, пусть едят молодые. А к детям я привязан. В эти страшные годы только с ними забывался порой.

Ну, сейчас не до них; впрочем, и я им не нужен после того, как отвел их в школу. Со второго дня они пошли сами.

Потапыч день-деньской при посуде, говорит: "При нэпе все взбогатели, опять пачкают и мелкое и глубокое".

До сумерек в комнате никого. Когда я не на промысле, то можно писать. А промысел мой один — подаяние. Я хожу вдоль Невского по теневой стороне, от Полицейского моста до Николаевского вокзала, норовлю на трамвае обратно. Беда с ногами, пухнут ноги-то!

Когда прошу, много знакомых лиц вижу; все тем же заняты. Они меня не знают, а я узнаю. Хотя сам я, как сказано, давно выбыл из строя, но, приезжая в столицу, новым ходом жизни интересовался. Показывали видных людей, называли...

Ну, а сами-то небось знают друг друга досконально, Но, хотя и с протянутой рукой, бывает, столкнутся, — а всё будто незнакомые. Так им легче.

Вот товарищ министра, да какого... продает газеты. Среди них — ныне модный "Безбожник". Ежели у покупателя вид неопасный, вроде прежнего, продавец не удержится, скажет: "Это вам стыдно, гражданин, покупать". А когда ему обратно: "А продавать вам не стыдно?" — вспыхнет, уйдет бородою в пальтишко, прошепчет: "Мне неволя!"

Однако зря я болтаю все. К делу. Затруднительно мне сейчас выражение мыслей плавное и в последовательности. Все я с детворою, и у самого речи детские. Но предполагаю так: не стесняя естественности изложения, буду писать, как пишется, без отсекновения само собой вступающей современности. Перед отправкою рукописи в "Архивные изыскания" сделаю выборку и приведу все в отменный порядок, имеющий в виду одну цель: по мере возможности воскресить многострадальную память друга.

Для экземпляра, предназначенного гласности, коплю белую линованную бумагу первейшего сорта, для чего удвоил свою прогулку по Невскому, предприняв ее по солнечной стороне. А в трамвае платном я себе отказал. Если кондукторша не везет христа ради (а "подайте безработному товарищу", как ныне принято, я не прошу), то на ближайшей остановке слезаю и тихо бреду, как пес, в свою конуру.

Все сторублевки коплю я на бумагу, перо и чернила для чистового. Этот же черновик предпринимаю на обратной стороне страховых квитанций былого Центрального банка. Квитанции эти наши девочки в обилии натаскали из нижнего этажа...

Пойдем же, читатель, шаг за шагом за мной по скорбным следам Михаила, со дня нашей с ним первой встречи. И прежде всего к Обухову мосту, где стоит наше училище. Там были мы юнкерами, оттуда были выпущены в один и тот же Орденский полк.

Наше училище мало изменилось с тех пор. У него все тот же благородный фасад с александровской колоннадой; только проспект, на котором он стоит, переименован в Международный, как отражающий революционное время, и на самом училище значится красными буквами так: "1-я артшкола".

Но по-прежнему возглавляют окна первого этажа львы, держащие в зубах кольцо, а повыше — шлемы с перьями. Две пушки при входе — не наши, это после переименования училища в артиллерийское. В мое же время оно было пехотным, так что присвоены нам были винтовки, и ходили мы держать внутренний караул во дворец, посещали балы в институтах, словом — были на положении гвардейских училищ. От этой близости к жизни двора, от чтения заграничных изданий, в частности проклятого "Колокола" господ Огарева и Герцена, — вся трагедия Михаила. Но о ней — в свое время...

На входных воротах училища и сейчас щиты со

скрещенными секирами, а за каменным желтым забором — тенистый сад. Белые легкие березки ныне разрослись в два обхвата.

Круто замешены люди нашего века: пережить то, что пережил я, а память не только свежа: все, что ни вызовешь, — оно тут как тут, перед тобою.

Я помню план нашего сада, всматриваюсь, узнаю: да, конечно, это они. Вот те два стройных клена среди лип, знак краткой дружбы с Михаилом. Помню, как мы прочли вместе Шиллера и в честь Позы и Карлоса, — а я, со своей стороны, подразумевая нас обоих, — посадили эти два деревца.

О, сколь знаменательны порой и чреваты содержанием иные выражения чувства!

Я зашатался, кружилась голова. Острой болью рвануло сердце. Опираясь на палку (спасибо внучкам Потапыча, что приделали к ней резиновый наконечник, не скользит больше палка), я сел на тумбу против забора.

Афиши рябят перед глазами: "Общество друзей воздушного флота"... "Призыв к красной деревне красных инструкторов"... "Реформа старой церкви".

И тут же, превыше всего, с разноцветными какими-то змеями: "Синтетический театр". От трапеции до трагедии покажет все один, как есть, Кобчиков...

И как это управится он один? Прыгает в бедной моей голове, и кажется мне, что я с ума сошел. Не вместить мне, не выдержать своих мыслей. Ведь рядом с тем, что кругом себя вижу, возникает еще с большей яркостью то, что сметено историей в могилу. Сметено, да не забыто!

Помню нашу первую встречу. Я достаивал штрафной под часами за опоздание на молитву, когда Петька Корский, пробежав мимо, крикнул:

— Из Киева к нам хохлов привезли, а с ними сам черт, ей-богу!

Новичков провели мимо меня в баню. Их было четверо. Трое, как говорится, без особых примет, но последний, высокий и тонкий, с черными бровями, был весьма приметен. Еще выделялся он тем, что ни в одном движении у него не было общей всем нам фрунтовой невыразительности.

Голова чуть закинута назад, шаг свободный, и на бледно-матовом лице, с резкою, как бы углем обведенною бровью, печаль и задумчивость. Мне он показался очень красив и понравился.

В этот же день вечером произошел наш первый, знаменательный разговор с Михаилом. Оказалось, что кровать

7

его рядом с моей. После ужина и молитвы юнкера в дортуаре одни, и это было наше самое любимое время.

Хотя карты строго воспрещены, но, разумеется, у каждого под матрацем колода, и сейчас, пользуясь бесконтрольностью, дуются. Для отвода глаз на столе целая фортеция библиотечных книг, и по жребию выбранный читает вслух. На этот раз чтение было не только отводом глаз: вокруг выбранного густо сидели на скамьях и на столе, жадно слушая увлекательные главы "Князя Серебряного". Роман еще не вышел из печати и в редком рукописном экземпляре попал от приятеля автора к юнкерам.

— И охота жевать расписной пряник на розовой водице, — сказал досадливо Михаил, проходя к своей койке. Ни чтец, ни слушатели не обратили на эти слова внимания, но я их себе очень отметил.

Я слышал от тетушки моей, графики Кушиной, что недавно весь двор восхищался "Князем Серебряным", которого автор самолично читал на вечерних собраниях у императрицы. По окончании чтения императрица поднесла графу золотой брелок в форме книги. На одной стороне стояло: "Мария", на другой: "В память "Князя Серебряного"", и в образах муз портреты прекрасных фрейлин-слушательниц. Правда, князь Барятинский нашел роман этот пустым, но это, конечно, была лишь понятная зависть одного светского человека к светским успехам другого. Но Михаил ведь ни по рождению, ни по вкусам не стремился к придворной жизни. Какой же зуб он мог иметь против графа Алексея Константиновича Толстого?

Я лег в свою постель рядом с постелью Михаила, и, видя, что он еще не спит, я спросил его о значении брошенной им фразы. Он разъяснил охотно и без всякого высокомерия, как я ожидал:

— Видите ли, сам граф Толстой, как мне доподлинно известно через одного близкого ему друга, говорил, что, изображая обезумевшего от власти деспота, он часто бросал перо — не столько от мысли, что мог существовать такой Иоанн Грозный, сколько от мысли, что могло существовать общество, которое терпело его и ему покорялось. Но этого своего гражданского чувства он в роман не перенес, а покрыл его сусальною позолотой. Вот на трилогию, которой он теперь занят, надеюсь я более.

— А я слышал, что эта трилогия — затея предерзостная и едва ли будет одобрена нашей цензурой.

— Очень возможно; в трилогии, хотя прикровенно и косвенно, но как-никак убивается самодержавие, — сказал

8

Михаил. — Конечно, это в случае, если будет таково выполнение, каков проспект, поведанный графом в кружке приятелей. Опять Иоанн Грозный, в угоду своему тиранству, попирает все права человеческие. В лице царя Федора, лично высокого, развенчание царской власти как таковой. Борис Годунов — реформатор. Но борьба за власть убьет его волю и сведет с ума... Да, подобное произведение сейчас, накануне реформ, когда писатель-гражданин так желателен, можно приветствовать.

И с особой выразительностью он произнес:

— Ведь наверху раньше всех должны понять, что реформы и самодержавие несовместимы! Начав делать реформы, надлежит отказаться от самодержавия, которое есть злая ложь.

В окно смотрела луна прямо в лицо Михаила. С пламенными глазами и вдохновительной бледностью оно было и прекрасно и страшно.

— Я возмущен вашими словами, — сказал я, — и даже не позволю себе понимать их во всем их значении. Они меня оскорбляют.

— Вот как? Это мне любопытно! — И Михаил, приподнявшись на локте, с вниманием меня оглядел, как будто увидел впервые.

Это была его особенность. Он не различал людей, когда говорил. Так сильна была его собственная внутренняя жизнь, что, лишь встречая противодействие, он, как степной конь, наскочив на препятствие, взвивался на дыбы и сверкающим оком глядел, куда ему дальше ступить. Впрочем, у него было много природной мягкости и нежелания задеть лично.

— Отчего же вам оскорбительны мои мнения? — Мои противоположны, сказал я. — Моя тетушка, графиня Кушина, заменившая мне мать, воспитала меня не только в чувствах верноподданного, но и в религиозном обосновании этих чувств.

— У вашей тетушки бывают славянофилы? — прервал меня Михаил.

— Не они именно, но писатели, не чуждые им, бывают. Вот не хотите ли пойти со мной туда в первое воскресенье?

И сейчас не могу понять, как это я мог позвать Михаила. Впрочем, пугаясь бестактности, которая могла бы легко возникнуть по причине его дерзких суждений, я, спохватившись, тогда же сказал:

— Предупреждаю вас, моя тетушка против немедленного освобождения крестьян, так что для вас многое в ее гостиной может оказаться не по душе.

— Это нимало меня не смущает, — возразил Михаил. — Чтобы вернее разбить врагов, их надо видеть вблизи!

И, засмеявшись, он сверкнул мелкими белыми зубами.

В нем как-то не было переходов. Начиная с шага внезапного и резкого, все, до черных бровей на белом лице, до прыжков речи от угрожающей к детски доверчивой и простодушной, все обличало в нем, как теперь принято выражаться, глубокую неуравновешенность души. Но, быть может, как раз это его качество и притягивало меня, выросшего в дисциплине строжайшей, неодолимым очарованием. И как внезапно ввел я его в недра нашей семьи, так некий злой гений двух наших судеб толкнул меня не только познакомить его с отцом Веры — Лагутиным, но и рекомендовать его отменнейшим образом причина, почему чуть ли не с первого знакомства Михаил получил приглашение приехать на каникулы в лагутинскую усадьбу.

Глава вторая

Тетушкин салон

Библиотека моей тетушки, графини Кушиной, где велись воскресные разговоры, была комнатой, обличавшей пристрастие хозяйки к наукам оккультическим. В такой комнате мог бы проповедовать граф Сен-Жермен и начать свои успехи Калиостро.

Над бархатным угловым диваном шли в причудливых рамках картины, вскрывавшие, по свидетельству тетушки, символику девяти Дантовых адских кругов, Самого Данте тетушка относила к адептам того же тайного ордена, к которому, по намекам, принадлежала и она с юных лет, И вот почему, указуя на противоположную стену, украшенную диаграммой ее собственноручной работы, а может быть и измышления, тетушка любила сказать:

— Мое вдохновение совершенно подобно вдохновению Дантову, и ежели б этого он не признал, то, уж конечно, не стал бы давать мне знак утверждения, троекратно стуча ножкой столика.

В ату зиму сделалось модным верчение столов и общение с духами, чем, как известно, увлекались не одни поэтические головы, подобные Федору Ивановичу Тютчеву, а люди значительно посолидней.

Диаграмма тетушки, которую называла она: "Птоломеева система применительно к государству Российскому", занимала всю стену и по первому взгляду казалась огромной мишенью, какие бывают в тирад летних садов, развлечением для стрельбы в цель.

По лазурному атласному фону, долженствующему изображать небесную сферу, шел огромный белый круг, включающий в себя, с небольшими просветами, еще несколько концентрических кругов. Все круги были нашиты тетушкой на первоначальную сферу небесной лазури. Помнится мне, ярко-желтый круг, включенный в круг белый, достоинства божественного, обозначал самодержавие, а в дворянский, травянисто-зеленый, цвета надежды, включен был круг черный, круг труда землепашца. Все круги были отменного материала, обметаны чудесным тамбурным швом и включены, как пасхальные яйца, друг в друга. Получалась приятная глазу и завлекающая воображение выразительность.

11

И, поясняя диаграмму своей маленькой ручкой в перстнях, говорила тетушка какому-нибудь стороннику немедленного освобождения крестьян:

— Как это ты, батенька, хочешь расстроить гармонию русской сферы? Едва один кружок выхватишь — ан все и отпорются. Тамбурная строчка на том и стоит, что петля в петлю вяжется: тут либо все сохрани, либо чуть тронь пойдет прахом.

У тетушки в библиотеке бывал писатель Достоевский, или — как тогда звали его в нашем кругу — Достоевский. В то время первоклассным его никто не почитал, а переводя оценку литературную на более мне обычную в военных чинах, не совру, ежели скажу, что ходил он, приблизительно, не более как в майорах. Григорович против него был полковником, а уж генералом — как тетушка раз навсегда решила — Иван Сергеевич Тургенев.

Soirees[1] тетушки распадались обыкновенно на две части. Первая, так сказать, разговорная часть протекала в библиотеке, завершаясь легким чаем, вторая — был ужин в парадной столовой для связей сердечных и родственных.

В библиотеку вхожи были люди разного чина и звания, но к ужину оставались строго свои.

И библиотечные гости сами знали, что званы только на чай, после которого прощались с хозяйкой.

Взяв на свой страх появление Михаила, я дорогой просил его выражать свои мнения без резкости, а того предпочтительней хранить их про себя.

— Не беспокойся, — сказал он мне, — будущий деятель обязан учиться и наблюдению.

После этого разговора о "Князе Серебряном" мы на другой же день с Михаилом стали на "ты". Как будто по взаимному уговору, мы больше с ним в политические споры не вступали, безотчетно не желая расстраивать тех не подверженных человеческой воле симпатических нитей, которые, по неисповедимым наукой причинам, как в любви, так и в дружбе притягивают иной раз ни в чем не сходных между собой индивидуумов.

Не происходят ли такие пересечения с людьми по предначертанию каждому данного гороскопа, чтобы совершились над каждым все ему присужденные в нашей грустной юдоли испытания? Из дальнейшего будет видно, что с нами обоими вышло именно так.

---

[1] Вечера (фр.)

Мы вошли в библиотеку. Михаил с нарочитым почтением подошел к ручке тетушки, на что та в ответ благосклонно сказала ему, по своему обычаю обращаясь на "ты":

— А, Сережин приятель! Что же, послушай нас, стариков, да на ус намотай. Аль не выросли?

Тетушка — в седых буклях, с яркими глазами — одевалась всегда в черный шелк, с воротником драгоценного кружева. А ручки ее были в перстнях с амулетными камнями. Постоянство избранного ею облика и чудачества выделяли тетушку из других дам ее круга, подверженных изменению моды, и придавали ей интересность загадки.

В библиотеке, кроме отца Веры, Эраста Петровича Лагутина, осанистого старика, сегодня были мне сплошь незнакомые новые люди: нарядные дамы, много военных и бледноликие "архивные" юноши. Последние еще Пушкиным остроумнейше аттестованы так: "Стоит их тронуть пальцем, дабы полилась из них всемирная ученость, ибо они всё знают, они всё читали".

Когда мы вошли, эти юноши друг за дружкой, как молодые борзые, еще не умеющие травить зайца, накидывались на невысокого средних лет человека, стоявшего спиной у окна. Он отвечал им с поразившим меня раздражением и совсем не в той манере, какая принята для светского разговора.

— Это Достоевский! — шепнула мне тетушка, зараз и с гордостью и с снисходительным извинением, как о человеке, не знающем обычаев нашего круга.

— Да, я написал это в статье и повторять не устану, надо веровать, что русская нация — необыкновенное явление всего человечества! — выкрикнул Достоевский.

На слова "всего человечества" он так сильно нажал, будто собирался навеки вдавить их в лоб слушателей, Я заметил — это многих покоробило: всякая подчеркнутость для светских людей — признак дурного тона, а он словно весь был подчеркнут. Движения угловаты, голос глух и без основания выразителен. Словом, в нем не было и тени той одаряющей приятности, благодаря которой человек, на деле вам ничем не помогший, запоминается вами с благодарностью навсегда.

— Как это вы, сударь, сказали? Мы, русские, явление в истории человечества? — разъярился вдруг один почтенный, очень европейский старичок. — Как? И даже при условии, что в семье цивилизованных народов мы всего без года неделю, да и то под понукой дубинки Петровой?..

13

— A propos[2], — прервал другой старичок, давнишний поклонник тетушки, как опытный светский рулевой торопясь перевести колючий разговор в спокойное русло, — a propos — кто помнит, господа, как недавно Погодин убил наповал одну славянофильскую музу, осуждавшую между строк как раз вот эту дубинку Петрову?

Архивные юноши пустились наперебой приводить цитату Погодина: "Хоть каша, замешенная Петром, и солона и крута", — начал один, а другой на лету словно блюдо выхватил: "...да по крайности есть что хлебать, есть чем быть".

Положение было спасено, и светский салон не утратил бы своего легкого, порхающего характера без углубления в тяжелые материи во вкусе учителей-бурсаков, если б не легкомыслие кузины.

— Почему именно русским вы отдаете такой преферанс перед англичанами и французами? — сказала она и наставила на Достоевского свой Черепаховый лорнет.

Поначалу Достоевский ответил даме как бы шутя:

— Англичанин, сударыня, до сих пор не любит видеть никакой разумности во французе, и обратно француз в англичанине. И тот и другой в целом мире замечают лишь себя самих, а всех других мыслят как себе личное препятствие...

Но уже через минуту Достоевский забыл и о барыне и о салоне. Отдаваясь потоку собственных заветных мыслей, он, как ураган, смял плотину всех светских обычаев. При этом, не соразмеряя силы своего голоса с комнатой, он пустился громить, как с трибуны.

— Таковы все европейцы. Идея общечеловечности все более стирается между ними. Вот причина, почему они совершенно не понимают русских и величайшую особенность характера нашего, способность всечеловечности, они называют безличием. Сейчас особенно, когда христианская связь, соединявшая народы, с каждым днем теряет свою силу, сейчас особенно необходима...

В эту минуту случилось необычайное для нравов салона.

Михаил, не сводивший горячих глаз с говорившего, забыл все свои обещания и то, где он находится, шагнул вдруг на середину комнаты и, не владея собою, крикнул:

— Если прежняя связь, соединявшая народы Европы, слабеет, то это лишь признак того, что связью старую должна сменить новая — социализм!

Это был удар грома. Ахнули дамы, перешепнулись

---

[2] Кстати (фр.)

архивные юноши, тетушка грозно встала. Один лишь Достоевский, слегка побледнев, с интересом глянул на Михаила и сказал:

— Наш спор с вами длинный, зайдите ко мне как-нибудь...

Неизвестно, каков был бы финал этого фармазонского выступления Михаила, если бы не подоспела на помощь одна не относящаяся к делу случайность.

Лакей, подносивший тетушке чайный поднос, где был огромных размеров английский чайник кипятку, поскользнулся и должен был обварить Лагутина, сидевшего рядом, если бы не Михаил. Он стоял сзади и одним порывом заслонил собою старика. Весь чайник кипятку, таким образом, он получил на свою правую руку, которая немедленно стала багрово-алой.

Дамы разохались, тетушка принесла мазь и бинты и, властно засучив рукава Михаила, стала делать ему перевязку.

Здесь я должен оговорить одно как бы пустяковое, но для дальнейшего крайне важное обстоятельство: немного выше запястья у Михаила была черная родинка, по форме совершеннейший паук. Как пером, отмечены были на белой коже тонкие ножки. Паук этот — следствие испуга матушки Михаила, когда она им была в тягости.

Паука этого одна сердобольная девица, — как сейчас помню, — слегка пискнув, пыталась смахнуть кружевным платочком с руки Михаила, в ответ на что он превесело рассмеялся и рассказал происхождение диковины.

Гости изъявили сочувствие пострадавшему, шутили над пауком и девицей. Михаил отшучивался и просил тетушку помиловать лакея, его обварившего.

Так в светском обществе ничтожное обстоятельство меняет впечатление от всей личности. За минуту подозрительный и пренеприятный юноша стал вдруг всем мил и любезен.

— Молодой человек, — сказал Михаилу старик Лагутин, нюхая из табакерки с той вельможной жеманностью, как это умели делать одни лишь старинные люди, — вы спасли мне больше, чем жизнь. Вы спасли меня от ужаса быть ridicule[3]. Сегодня мне надлежит появиться на рауте в Михайловском дворце, а с лысиной, вздувшейся пузырем, я бы принужден был сидеть дома, обвязанный платком а la московская просвирня.

Достоевский откланялся и, проходя мимо, еще раз сказал выразительно Михаилу;

— Итак, я вас жду для дальнейшего спора.

---

[3] смешным (фр.)

Михаил молча ему поклонился.

В салоне стало весело: остряки подробно вычисляли возможный полет чайника и смехотворно выводили, у кого и что именно должно было быть обваренным, если б не смелая интервенция Михаила.

На прощанье тетушка ему сказала:

— Приходи с Сергеем еще; хоть ты, батюшка, и зубаст, да зато не квелый, как архивные. Ну, дай срок, мы тебе зубы обточим. Ты из киевского корпуса, говорил Сергей; знаем, чьи это штуки...

Тетушка намекала на известных киевских педагогов: одного — родню Герцена, другого — учителя словесности с вреднейшим направлением.

Михаил, к радости моей, ничего не возражая, лишь вторично приложился тетушке к ручке.

Да, я опять должен оговорить второе примечательнейшее обстоятельство: среди гостей присутствовал один человек, на которого обваренная рука Михаила не произвела вовсе действия, смягчившего и даже как бы совершенно затушевавшего его дерзкую фразу о социализме. Человек этот был молодой блестящий генерал, граф Петр Андреевич Шувалов, начальник III отделения, высокий красавец с таким правильным и породистым лицом, что в своей неподвижной белизне оно казалось отлично раскрашенным мрамором. В движениях его не было ничего лишнего: точная определенность, как следствие способности к мгновенной обдуманности поведения.

Шувалов вышел вместе с нами в переднюю. Старый тетушкин лакей ловко набросил на плечи ему николаевку. Плотно запахиваясь, Шувалов сказал, глядя своим острым взором в черные глаза Михаила:

— Молодой человек! Примите дружеский совет и остережение: не всякая поспешность может завершиться удачно. Памятуйте также одно изречение Кузьмы Пруткова: "Степенность есть надежная пружина в механизме общежития".

Михаил, сверкнув своими зубами, не без задора ответил:

— У Кузьмы Пруткова есть и применительно к вам, ваше превосходительство, нравоучительное изречение: "Не все стриги, что растет".

Шувалов мило улыбнулся, как светский человек, показывая, что в частном доме он вовсе не начальство, и как-то знаменательно сказал Михаилу:

— До свиданья! Мы еще с вами, конечно, увидимся.

16

О, сколь горестно сбылось в скором времени его предположение!

По дороге домой я сказал Михаилу:

— Советую тебе быть с ним осторожней; он управляющий Третьим отделением и жестокий карьерист, не оглянешься — подведет.

— Какое мне до него дело! — вспыхнул Михаил и, понизив голос, сказал с глубиной, незабвенной до последнего дня моей жизни: — Поверь, Сергей, я, как Рылеев, уверен, что погибну, но пример мой останется. Ибо, как истинно утверждал этот герой-поэт, вся сила, вся честь революции в словах: "Каждый дерзай!"

По спокойной леновости моей природы и привычному доверию, что рука промысла ведет каждого неисповедимыми путями, я не стал противопоставлять Михаилу авторитетные в нашем доме, совсем иные взгляды на земное устроение. К тому же, после напоминания тетушки о вольнодумстве киевских педагогов, я понял, что атеизм и мечтания революционные не были следствием испорченной натуры Михаила, а лишь чужими перенятыми мнениями.

Я решил противоречить ему только в крайности, а лучше всего, не теряя с ним чисто приятельской связи, водить его чаще к тетушке, где он будет встречать людей, не менее господ Огарева и Герцена желающих пользы отечеству, но с пониманием последней в совершенно иной диспозиции.

О, сколь розовы и детски неопытны были эти мечтанья! Михаил наотрез отказался посещать салон тетушки, угрюмо сказав: "Хороший охотник не ходит дважды в то же болото". Впрочем, со мной он стал так усугубленно ласков, что меня это даже задело; он, будто с игрушкой, отдыхал со мной от своих мрачных дум, любил бороться, загибать салазки, играть в чехарду. Бывал он приступами бурно весел, а порою чувствителен; именуя меня пастушком с картины Ватто, он просил читать вместе Шиллера. Вот тогда-то мы оба пленились дружбой маркиза Позы и Дон Карлоса и посадили в училищном саду Деревца.

Впрочем, глубокое значение нашим отношениям, как вскорости оказалось, придавал я один. У Михаила уже к тому времени все, даже священнейшие, чувства были одним только средством для приближения к злодейскому замыслу, которым он был одержим.

Глава третья

Поездка к озеру Комо

Мне сейчас предстоит переход к тому этапу наших отношений с Михаилом, когда событие на балу в институте превратило его из пленительного друга в заклятого врага, не только личного, но и политического.

Но как мне сейчас говорить о последнем обстоятельстве, когда, благодаря произведенной в стране революции, во мне самом, как уже сказано, произошло изменение, вырвавшее с корнем доверие к себе самому!

Так многократные бури вырывают крепкое, но ниоткуда не защищенное дерево.

Окончательно убедился я в том, что не только подточен фундамент, а, как негодное, рухнуло все мое внутреннее здание, когда я попал в упомянутый выше день, двенадцатого марта, на Дворцовую площадь.

Я переходил эту площадь, как всегда, с особым волнением. Вот она, все та же, вознесенная при императоре Николае, Александровская колонна, и все тот же над колонною ангел. А над Главным штабом все та же квадрига и рвутся кони. Я уже семьдесят два года, с десятилетнего возраста, все помню, как рвутся эти кони, а их держат воины.

Сейчас на площади — четыре громадные мачты. Верхушкой они выше штаба, а на каждой крылатое красное знамя. От главного полотнища, как от хоругви, с обеих сторон легкие лопасти-ленты. Они вьются красными змейками.

Человек вверху, снизу глядеть — малый карла, укрепляет знамя. Развернулось оно, блеснуло серебром, и явственны буквы: "пал западный фронт". И второй, и третий, и четвертый столбы — все увенчаны алым, на всех серебро: "пал восточный, пал южный, пал северный". Эти знамена — в память недавно бывших четырех фронтов. Были — и нет их.

И кто, кто поймет человека? Ведь какой гордостью взыграло мое старое сердце былого вояки! Спохватился: что такое? Эти знамена не меня вовсе касаются, даже совсем наоборот. Я, начальник эскадрона, я, который из уст своего государя слыхал: "Поздравляю тебя георгиевским кавалером"... я, который верил всю жизнь, что монарх помазан свыше... И когда, в семнадцатом году, пришел к Потапычу рабочий и сказал: "Чхеидзе смеется, что помазанник смазан", я ведь в петлю полез. Вынули, отходили, — зачем? Чтобы мне дожить до предела скорбей? Стать себе самому и палачом и казнимым?

Да, как палача к лобному месту, влечет меня к этой площади. А дойду там мне казнь. Разве могу, например, не припомнить, как впервые мальчонкой тут я шел с моим батюшкой, лейб-гвардии сапером? Батюшка, указуя на дворцовое крыльцо, с волнением сказал:

— Сережа, в незабвенный день четырнадцатого декабря двадцать пятого года хранимый высшей силой император Николай нам, саперам, вручил отсюда своего первенца-цесаревича. Царь приказал лобызать отрока первому от каждой роты; я был одним из счастливцев.

Сейчас здесь уже красные войска. Как-то перед концом зимы, когда выдалась совсем необыкновенная погода, прибрел я на это свое лобное место. Туман стоял такой густоты, что Главный штаб был затушеван до незримости как бы множеством кисейных завес. Кто-то, тоже незримый, с высокого амфитеатра производил смотр войскам, и проходили войска. Будто из бесконечности возникали. На миг явственны — и, глядь, уже канули в ночную бесконечность.

Впереди Балтфлот в курточках, брюки клеш, с наушниками шапки. За Балтфлотом, как зимние зайцы-беляки, мохнатые белые лыжники; дальше кавалерия. Из молочной перламутровой мглы выступают одни лошадиные морды да первых рядов молодцы; крупы коней уже тонут в тумане. Над конями, от половины, как бы возникает из облаков колонна и над нею ангел, черный и громадный. И столь дивно звучала команда откуда-то и ни от кого! Люди слушали и, как прежние, заводные, шли.

— Почище старых, — сказал кто-то в толпе. — Те, ровно бараны, знай глазами жрали начальство, а эти с собственным смыслом. Сознательные, революционные войска.

Уж насколько они сознательны, и похвально ли вообще это военному, не берусь судить, но что они уже не шантрапа, как их именуют враги революции, а регулярные дисциплинированные войска — очевидная несомненность. А коль скоро есть у страны войско — есть опять и страна.

Как добрел я, не знаю, — шатался. "Эй, назюзюкался самогону!" кричали мне мальчишки. Добрел. К счастью, в комнате никого. Сел и заплакал.

Штатские люди этого не поймут. Но для военного тут все. И как же это, как? Прежнего уклада жизни нет, а войско есть? Да ведь с войском, дай срок, по всем швам докажут, что

19

возможно прежнее развитие жизни воскресить. А что, если лучше прежнего? Есть войско, есть и страна.

Что же, прав, что ли, был Михаил? Помню его с запрокинутой головой, лицо ветру навстречу. Глаза мечут искры, в руках Герценов "Колокол". Свернув его в трубку, как маршал жезлом, Михаил машет им вправо и влево. И, должно быть, у него в мыслях толпы народа, и это им он кричит своим грубым гневным голосом:

— Совершенное уничтожение нелепого самодержавия есть вызов к жизни нового строя, новой, прекраснейшей жизни.

И вот опять спрашиваю: что, если окажется прав Михаил, отдав без оглядки свою свободу, свой светлый разум за это дело, и новая жизнь, как уже во многом сейчас примечаю, выйдет окончательно справедливее прежней? В таком случае кто же тут Иуда, который погубил Михаила не только как соперника личного, а как борца за эту вот своднейшую и лучшую жизнь? Но кому до меня дело! О нем одном речь, пока действует память и хоть дрожит, но выводит буквы рука.

Как уже сказано, наше имение было совсем рядом с имением Лагутиных. Веру по слабости здоровья, не в пример прочим институткам, по настоянию отца отпускали летом домой. Проводя каникулы вместе, мы с ней жаждали видеться зимой. Многие интересы нас связывали; я кончал училище, она институт. У меня всегда было много женственного в натуре, и хотя как воин я не из последних, но втайне знаю про себя, что гожусь только лишь в общем строю. Дерзкая независимость, столь любезная характеру Михаила, мне совершенно чужда. Склонность влекла меня к искусству живописи. Часами я мог поглощаться сочетанием красок и чудесными световыми эффектами. Предполагаю, по тому месту в жизни, которое брало у меня восхищение созерцательное, что рожден я был только художником. Но как в моем звании дворянина и военного не подобало серьезно предаваться искусству, мои качества поэтические, не помещенные как дарование, выражались в чрезмерной чувствительности. Это сразу приметил Михаил и окрестил их "сентиментами Бедной Лизы".

Веру Лагутину я обожал с детских лет, а она мной командовала. Теперь это должно было измениться, но как взять верный тон, я не знал. И можно ль поверить нелепости? Михаила, коему втайне я завидовал как мужчине и хотел подражать, я сам подговорил ехать на торжественный бал, чтобы подсмотреть, как он себя держать будет с женщинами, и затем самому подхватить этот тон. Глупец! Как было мне не понять, что если сам я им столь зачарован, то как избегнуть

20

этих чар существу, которому по самой его природе надлежит быть плененным силой и мужеством?

Но моя голова была полна какими-то грезами, и действительной жизни я не понимал.

Хотя Михаил ехал в институт первый раз, а я ездил постоянно, волновался я больше него. То духи мне казались неприлично крепкими, то думалось, не плохо ли выбрит мой подбородок, то назойливо представлялось, что на блестящем, как зеркало, полу большого танцевального зала я сегодня поскользнусь и с собой увлеку свою даму.

Сколько бы я ни видел его, по моей великой чувствительности к перлам искусства изобразительного я без особого волнения не мог подъезжать к этому чуду строительства графа Растрелли — собору Смольного монастыря.

В тот знаменательный день белые пилястры на голубовато-сером фоне как бы продолжали атмосферу морозного вечера и придавали и без того легчайшей постройке невещественность совершенную.

Башни-церкви, монастырские помещения вызывали память об итальянском зодчестве и преданиях о чудных девах, чудовищах, драконах и рыцарях. За садом, через синий лед Невы, мигали то тут, то там далекие огни в домишках предместья.

Весною, в воскресный день отпуска, я, бывало, любил, взяв у лодочника быстрый ялик, перерезывать в этом месте широкую водяную гладь, не уставая любуясь на несравненные пропорции собора, сизо-дымчатого в заходящих лучах. Я любил воображением выполнять иной план Растрелли, превысивший безумием своей сметы даже расточительный век Елизаветы, почему он и не получил заслуженного воплощения.

Первоначально Растрелли затеял взметнуть на берегу Невы колокольню в шестьдесят сажней, крытую золотом и серебром, с белоснежными украшениями на фоне ослепительной бирюзы. Для постройки заведены уже были особые кирпичные заводы, к заводам приписаны были деревни, а чугунная черепица отливалась под руководительством иностранного мастера.

О, зачем не рожден я был в век Возрождения, когда все три Парки, по велению Рока, первенствующей нитью вплели в историю человечества пробуждение чувства к прекрасному! Там был бы я не последним жрецом.

Но, капризно для смертного, ныне судьба путает этикетки. Не в своем веке, в чужом духу его окружении, не на своем месте рождается человек. Впрочем, Яков Степанович, мудрейший из старцев, которого я в дальнейшем введу в свой рассказ, пояснил мне строптивые недоумения моей мысли так:

— Премудрость строения мира противоположна человеческой справедливости, и все наше горе лишь в том, что нам этого нечем понять. Но ежели б поняли, то не дивились бы, почему, например, на убийство избирается тот, кому в тайниках сердца нет тяжелее пролития крови, а кровожадный поставлен в условия благодетеля. Исполненный дарований бьется ради хлеба насущного, и скудны в своем тупоумье богатые... Но посуди: разве по добровольному хотенью человек впряжется в ярмо или глянет внимательно в жизнь другого? Нет, как стрела, метнувшись из лука, он полетит по одной своей линии. Но люди — не одинокие стрелы, а малые капли. Из них надлежит быть великому океану. Вот для того, чтобы могли мы расширить свои берега, полезно каждому и работать и жить не в своей скорлупе.

— Впрочем, — прибавил Яков Степанович, — понимать это надо особенно, а не то усугубишь ерундистику жизни.

Однако я так отвлекся, что и для черновика разорительно. Бумагу-то из подвала таскать запретили.

Вчера девочки набрали полный подол, а управдом налетел, велел им снести назад в кучу. Но все же об институте скажу несколько слов.

Моя тетушка, графиня Кушина, рассказывала мне, что первоначальный замысел Екатерины был — создание воспитательного заведения для образования "новой породы людей", при ближайшем участии, как во Франции, просвещенных монахинь.

Для этой цели святейший синод посылал московскому митрополиту указ персонально пересмотреть игумений и монахинь, чтобы выбрать достойнейших. Но оказалось так мало грамотных и хотя бы только пригодных для услуживавших в лазарете, что они в небольшом количестве оставлены были, так сказать, для ландшафта. Скоро Екатерина увлеклась в своих поисках влияния на "новую породу людей" в направлении, более соответствующем ее личным вкусам, а именно: привлечением к тому делу Вольтера и Дидерота.

Тетушка Кушина, ненавидевшая энциклопедистов, рассказывала, что Вольтер, давший обещание написать благонравную комедию для девиц института, но привыкнув выводить одни лишь кощунства, всякий раз, приступая к сей невинной работе, заболевал сильным расстройством желудка. Екатерина жаловалась Дидероту, что за преклонностью лет

22

старик не способен на изящное творчество для театральных упражнений девиц, на что Дидерот, не меньше безбожник, доподлинно отвечал: "Комедии для девиц будут составлены мною, и притом ранее, нежели я достигну преклонных лет".

Но, как известно, Дидерот не потрафил императрице, настаивая на преподавании в институте в первую голову анатомии — науки, по мнению тетушки Кушиной, почти что лишавшей девицу невинности.

В традиции Смольного до конца его существования живописно вплетены были эти обе ноты, при его основании взятые Екатериной: нечто от монастырской повадки в соединении с прелестной живостью светскости вольтерьянской. Воспитанницы сохраняли свои неуклюжие одеяния из добротной негнущейся ткани зеленого, голубого, кофейного и белого камлота, белые пелерины и фартуки и привязанные рукавчики так же ритуально, как монашенки — облачение монашеское, К этому присоединялись внешняя богомольность, обилие образков, суеверие и ладанки, кроме того — обычай держать за щекой непроглоченный кусок освященного артоса на труднейших экзаменах, запихивание ватки от Иверской, нарочно привезенной из Москвы, во вставочку для пера при письменной математике. Рядом с этим переходили от выпусков к выпускам изощреннейшие способы переписки амурной и легкость завязок и развязок романов с "подоконными супирантами"[4]. Последнее производилось без различия сословия и ранга, что отнюдь не имело места при вопросе серьезном о замужестве, которое заключать со "шпаком" или офицером негвардейцем можно было при окончательной пламенной, "роковой" любви или из-за особых, чисто житейских преимуществ жениха.

Институтки с малолетства до выпуска оторваны были от родной семьи. Под руководительством особо подобранных учителей обучались они разным наукам и упражняли свои таланты в искусствах танцев и рукоделия. Помимо обучения предписывалось развивать, по замыслу основательницы заведения, "веселые мысли" и доставлять им разные "непорочные забавы". Вот почему блестящей кистью Левицкого запечатлено не однажды кокетливое обаяние девиц Хованской, Хрущевой и Левшиной в костюмах маскарадных и бальных.

Со времен екатерининских институт оставался в особом приближении ко двору, и девицы, вследствие частого

---

[4] супирант (от фр. soupirant) - вздыхатель

посещения дворцов и внимания царственных особ, были полны повышенного и несколько экзальтированного монархического чувства, но Вера, под влиянием Линученка, своего побочного дядюшки, о котором будет подробная речь, отнюдь не разделяла общего обожания институток к царской фамилии. Хотя она и была на линии chiffreuse, она настойчиво умоляла отца, не доводя ее до класса пепиньерок, взять домой. Но старому Лагутину, при всем его вольтерьянстве, было лестно, чтобы сама императрица пришпилила шифр[5] к левому плечу его дочери, что давало ей право бывать на придворных балах и приближало к званию фрейлины. Это звание кружило не одну честолюбивую головку, особенно сейчас, когда прекрасная наружность и грация вызывали особое внимание государя и были причиною немалого фавора не только по отношению к взысканной девице, но и ко всем ее близким. Последнее обстоятельство возбуждало порой низкую страсть сводничества в ближайшей родне. Так в случае, который предстоит воскресить мне в памяти, заинтересованным лицом являлся не кто иной, как родной отец девицы, титулованной и богатой, но соблазнившейся блеском, придворной жизни.

Мы подъехали к зданию самого института. Да, конечно, нужен был изощренный талант Джиакомо Кваренги и его благороднейший вкус, чтобы без скуки и казарменности создать длиннейший фасад в более чем сто саженей, при том, что единственным украшением его являются лишь трижды повторенные полуколонны с роскошными капителями. Институт этот поистине достоин быть рядом с пышной роскошью собора Растрелли. Так великие зодчие, чуждые мелкому соревнованию, умели передавать из рук в руки факел красоты. Я и сейчас с удовольствием вспоминаю, что Кваренги, в знак особого преклонения перед творением Растрелли, во всякую погоду снимал свою шляпу перед Смольным собором, кланяясь низко его создателю...

Огромный швейцар Матвей Иванович, в красной ливрее с орлами и с бронзовой булавой, нас, как и прочих гостей, встретил при главном входе с поклоном. Старшему швейцару была присвоена двора его величества камер-лакейская ливрея. Другой швейцар открыл дверь, третий снял шинели. Мы натянули белые замшевые перчатки и пошли вверх по мраморной лестнице, устланной красным сукном. Звуки вальса, как шампанское, мне ударили в голову, и я вошел в

---

[5] знак отличных успехов при окончании института

вслед за Михаилом, заранее смущаясь, что не сумею найти Веру.

В громадном белом зале в два света шел в длину по обе стороны ряд стройных колонн. Гирлянды зелени вились от одной стоячей люстры к другой вдоль всех стен. Огромные, в рост, портреты царствующих особ под светом люстр переливали шелками, драгоценностями, слепили горностаевой мантией, но не могли затмить своей пышностью скромной прелести институток. Девицы были однообразно одеты в камлотовые платья с обнаженными шеей и руками, в кисейных пелеринах с большими розовыми бантами. В своей юной свежести они, как нежный яблоневый цвет, облетающий под ветерком, носились в танцах по залу. Начальница — высокая кавалерственная дама в небесно-голубом форменном платье — в окружении целого штата таких же ярких классных дам, в просторечии "синюх", важным кивком отвечала на почтительность наших поклонов.

Всякий раз, когда я попадал в это женское царство, я терялся и то одну, то другую головку принимал за Верину, и мне то тут, то там кричали:

— Сержик, Серж Русанин!

— Вот она у колонны, — указал мне Михаил Веру Лагутину.

Я поразился:

— Как мог ты узнать ее, не видавши?

— В этом нет ничего сверхъестественного, — усмехнулся Михаил. — Мне компасом послужила чудесно спасенная от обварки лысина ее отца; гляди-ка, она отражает, как в зеркале, люстру. Старик — ни дать ни взять — индюк в орденах, но дочь очень мила.

И Михаил, не озираясь на меня, своим стремительным легким шагом перешел зал. Он расшаркался перед Лагутиным и, будучи им тотчас представлен Вере, через минуту уже с нею вальсировал. Когда я подошел звать Веру на контрданс, оказалось, что она уже первый отдала Михаилу. Мне ничего другого не оставалось, как стать визави с одной из приятельниц Веры, Рассеянно слушал я щебет своей дамы:

— А представьте, малявок совсем не пустили на бал, но они сделали ужас: вообразите, надушились мылом бергамот!

— Как же так мылом!

— Наскоблили ножом, натерлись — и запахли, как целая лавка сквернейших духов. Душиться ведь нам разрешается только в самых старших классах, и бергамот — неприличнейший запах.

— А какой же считаете вы запах приличным? — спросил я,

чтобы поддержать болтовню моей дамы и тем облегчить себе наблюдение над визави.

У Веры и Михаила были совсем не бальные лица. Иногда, как бы спохватываясь, они улыбались и для вида бросали пустые фразы. Но я видел ясно: у них сразу же вышел серьезнейший разговор. И как же могло быть иначе? Вера читала бездну книг, и у нее давно были вредные фантазии. Будучи внучкой декабриста, она особенно относилась ко всем либеральным бредням, а в деревне у нее в столике был заперт томик Рылеева.

— Да, он недаром носит свою фамилию, — услышал я восторженный голос Веры в ответ на что-то, тихо сказанное Михаилом, — я благородней сердца не знаю.

Она сделала ударение на слове "сердце", и я понял, что этот каламбур относился к Герцену.

Мне всегда было страшно за Верино направление мыслей, но сейчас радость соперника охватила меня.

Я подумал: нет, так романы не начинаются, быть может, Михаилу удастся, как тогда по-новому выражались, "распропагандировать" Веру, но едва ли он пробудит влюбленность в ее воображении. А с вредными его мыслями я через салон тетушки Кушиной сумею вести ловкую борьбу. Тетушка Веру очень любила, и та ей платила взаимностью.

Но происшествие, чрезвычайное по своему значению, как рука великана Гулливера в стране лилипутов, в один миг смело все хитроумные ходы моей маленькой шахматной игры.

Вдруг среди девиц произошло невероятное смятение. Все, бросив танцы, кинулись к окнам с криком:

— Карета в главном подъезде!

Средний подъезд, всегда запертый, раскрывался лишь для царских особ. Классные дамы, пунцовые от волнения, увели куда-то группу красивейших воспитанниц, которые в короткий миг появились снова, облаченные в заготовленные на этот случай парики и костюмы маркиз и маркизов. Прочие институтки выстроились полукружием, скрывая девиц, костюмированных как при Екатерине. При появлении государя с начальницей все, как одна, под приветственные звуки музыки опустились в глубоком придворном реверансе. Заиграл традиционный менуэт. Маркизы с маркизами выпорхнули из засады и, соединившись в колонну, пошли по направлению к царю.

Александр II был в гусарском мундире. Столь эффектный в санях или верхом на параде, как любили изображать его живописцы, он проигрывал без соответственного военного

26

окружения. Он был хорош, как составная часть картины, выделяясь из войска отличнейшим от всех ростом, наследственной от отца богатырской грудью и неподдельностью царской осанки. Но среди цветущей юности, где вместо монументальности любезна прелесть интимная, он был только импозантен. Притом лицо его, уже немолодое, поражало своей желтизной, а глаза, не соответствуя восхищенной улыбке и приятности грассирующего разговора, оставались неизменны своему оловянному, как бы застылому выражению.

Очень красивая пепиньерка сказала царю стихотворное приветствие и, густо покраснев в ответ на его приглашение сесть рядом, опустилась в кресло. Царь сделал знак музыке, и бал возобновился. Государь очень скоро удалился, сопутствуемый адъютантом, пить чай в апартаменты начальницы. Во время антрактов между танцами, когда Вера и мы с Михаилом, как сопутствующие ей пажи угощались оршадом и конфетами в живописном уголке между фикусов, гиацинтов и пальм, Верина подруга Китти Тарутина подошла к нам со своим правоведом.

Китти, курносенькая и веселая блондинка, нам сказала:

— Хотите участвовать в поездке к озеру Комо? Мы с Верочкой знали, что это значит, и, смеясь, согласились, посвятив в секрет Михаила. Одна из классных дам, молодая и всеми любимая итальянка, не отличалась стародевической чопорностью прочих синюх. Она охотно предоставляла девицам в своей комнате видаться с братьями и кузенами. Молодая и веселая, она сочувствовала шалостям молодежи, но, дабы не пострадать ей самой в случае доноса, дело было обставлено по взаимному соглашению так: дверь в комнату классной дамы будет только притворена, но никак не заперта на ключ. В случае, если нагрянет контроль, попавшиеся должны будут сказать, что они зашли сюда самовольно.

Прикрываемые дюжиной камлотовых юбок подружек Китти, величайших охотниц до шаловливых эскапад, мы выскользнули вон из зала, не замеченные строгим оком дежурившей инспектрисы. По бесконечным коридорам мы отправились в комнату итальянки, где на стене висел огромный вид прелестного озера Комо, чьим именем называлась вся веселая затея.

— А вы знаете, Земфира исчезла сейчас же, как только ушел государь? Она в него влюблена по уши, — сказал Киттин правовед про пепиньерку, говорившую приветственный стих.

За восточный тип лица ей дали прозвание Земфира, как это часто водится в закрытом заведении.

— И предпочтение, которое ей оказывает государь, тоже всем очень заметно, но фрейлиной императрицы ей все же не быть, — сказала досадливо Китти. — Она неуспешна в науках, начальница ее не выносит и даст ей плохую аттестацию.

— Государь часто вас посещает? — спросил Михаил.

Китти, польщенная вниманием красивого, но доселе сурового юнкера, стала с удвоенной скоростью болтать о том, как обожаемый царь любит внезапно посещать институт.

— Чаще всего он появляется вечером, в часы, обычные для уроков танцев у старшего класса. Иногда царь приходит в столовую, садится за стол и пьет с нами чай из казенной кружки. Разумеется, кружку эту мы разбиваем и делим кусочки. Многие девочки носят их в ладанках на груди, а одна даже съела.

— Эта девица, очевидно, сродни страусу, — усмехнулся Михаил.

— О нет, у нее фамилия чисто русская! — возразила наивная Китти и под общий наш смех продолжала лепет, который, как я заметил по нахмуренным бровям Михаила, немало его раздражал. Но Китти не смущалась:

— Во время обеда государь садится то к одному столу, то к другому, поровну, чтобы никого не обидеть. Теперь, впрочем, он все больше идет к пепиньеркам и садится рядом с Земфирою, она нарочно самая крайняя... А в прошлом году постом государь приходил к нам на вечернюю молитву и, на "господи владыко живота моего", вместе с нами бил поклоны.

— Хорошая подготовка к реформам! — начал было Михаил так насмешливо, что Китти на половине слова споткнулась, а правовед с холодным удивлением оглядел его с ног до головы.

Вера вспыхнула, но нашла, как спасти положение.

— Бежимте скорее, а не то другие займут наше место! — вскричала она и, схватив меня и Михаила за руки, кинулась с нами вдоль бесконечных коридоров, пересекающих один другой и путаных, как лабиринт, Китти и правовед побежали вслед за нею.

Вот и комната итальянки. Дверь притворена, но мы дернули — она отворилась. Заслышав голоса вблизи за углом, мы поспешно вошли на цыпочках. Как стая пичуг, знакомых с выстрелом охотника, мы с опаской присели на край большого дивана, в случае чего готовые вспорхнуть или спрятаться.

Опасность могла угрожать из дверей другой комнаты, принадлежащей той же классной даме, но через коридорчик, смежный с комнатой инспектрисы. Последняя, под видом дружественного покровительства, любила войти невзначай, чтобы проверить красивую и легкомысленную итальянку. Китти, как мышка, сбегала в коридор и, удостоверившись, что инспектрисы нет дома, пришла нам сказать, что мы в безопасности.

Вдруг из другой комнаты, тоже запертой изнутри, мы услышали голоса: женский плачущий и утешающий мужской. Говорили по-французски.

— Однако я с таким трудом вырвался от почтенной начальницы совсем не для того, чтобы сейчас утонуть в ваших слезах, прелестная Земфира. Что же касается вашего отца, то, поверьте, мои нежные к вам чувства уже давно заручились его родительской санкцией, а его радость видеть вас фрейлиной...

Мы не могли не узнать этого голоса, так же своеобразно грассирующего в любовном лепете, как мы привыкли это слышать в публичных приветствиях и на парадах.

— Итак, не правда ли, до очень скорой и решительной встречи? Я не враг мифологии и, подобно проказнику Зевсу...

Тут послышался малоискренний смех и поцелуи. Мы вскочили, испугавшись своей невольной нескромности, и кинулись к выходу. Но Михаил с искаженным лицом поднялся и шагнул к дверям.

— Ты себя погубишь, — шепнул я ему, стиснув руку, — государь сейчас может выйти отсюда.

— Я ему не позволю губить...

Глаза Михаила горели таким бешенством, что, казалось, способны были одной своей силой причинить зло человеку.

Я выбежал в коридор, где уже не было ни правоведа, ни Китти. Одна Вера, белея лицом и плечами, как призрак, стояла в глубокой нише, Я стал с ней рядом и тихо взял ее руку в свою.

Я не постигал, как могла дверь итальянки остаться без стражи, но две фигуры в дали коридора мне объяснили загадку: молодая воспитательница и адъютант, увлеченные собственным флиртом, не заметили, как покинули свой ответственный пост.

Государь, очевидно, выходя от начальницы, чтобы еще раз подняться в зал, зашел в комнату, соседнюю с "озером Комо", где его по уговору уже ожидала Земфира, для каких-то окончательных решений.

Минуты тянулись часами. Вдруг дверь запертой комнаты отворилась, и кто-то вышел. В ту же минуту, задыхаясь от волнения, глухой голос Михаила сказал:

— Это... низость!

Мы не дышали. Я почему-то ждал выстрела. Но выстрела не последовало.

Государь торопливым, убегающим шагом, не свойственно своему обычаю втянув голову в плечи, как бы не желая быть узнанным, вышел из комнаты. Он в один миг свернул за угол. Испуганные адъютант и итальянка подбежали к нему.

— Там был ее брат? — гневно спросил государь, должно быть вспомнив неприятную историю с Шевичем.

— Ваше величество, у нее нет брата, — сказала смертельно бледная итальянка.

— Там не должно было быть никого...

И, не появляясь более на балу, раздраженный государь уехал в сопровождении своего адъютанта. Из глубокой ниши, меня скрывавшей, я видел, как итальянка кинулась в свою комнату искать, кто там был, но Михаил, открыв противоположную дверь в коридорчик, благополучно исчез. Мы с Верой пустились бегом в танцевальный зал.

Прошло более полувека, когда, в один из зимних дней 1918 года, я снова попал как-то в Смольный. Я метался больной и бездельный по столице, ища приюта у прежних друзей и знакомых. Многих не было в живых, другие не оказались на прежних местах.

Влекомый узами прошлого и неистребимым во мне интересом художника, я добрел до института, где мы с Михаилом были на балу.

Весь длиннейший фасад, как и тогда, в день бала, горел огнями, и так же непрерывно вливался в огромное здание поток людей. Но это не была линия нарядных карет с лакеями на запятках. Здесь не было рысаков с драгоценными полостями и кучером, возглавляющим наподобие идола козлы.

В средний, главный, исключительно царский въезд, охраняемый вооруженными красноармейцами, тянулся бесчисленный хвост, держа в руках листки-пропуска.

Автомобили, мотоциклеты, серые броневики, все с красными флагами, с воем сирены, с трубными звуками, то и дело влетали и вылетали, из ворот, охраняемых тоже двумя рядами часовых. Везде пулеметы. Шумели моторы, суетились люди с портфелями.

Мохнатые шапки делали лица суровыми. Многие в защитного цвета и серых военных пальто, где от споротых пуговиц и наскоро снятых погон были свежие следы. Крестьяне — в онучах и лаптях, с ружьем на веревочной перевязи. Все кричат и все спорят. Когда вышли из подъезда двое штатских и, взобравшись на большой ящик, сказали несколько слов, им не дали кончить. Их речь покрыл пропетый всей площадью "Интернационал".

— Что тут такое? — спросил я одного, сильно вооруженного, с очень свежим и почему-то мне знакомым лицом.

— Чрезвычайное заседание Петроградского Совета, дедушка, — охотно сказал он и, в свою очередь вскочив на ящик, повысил голос до крика, обращаясь ко всем:

— Товарищи! Социализм — отныне единственное средство, с помощью которого страна избежит нищеты и ужасов войны.

Зажженный пикетом костер вдруг ярко осветил говорившего, и, когда он кончил и слез, я невольно вскрикнул:

— Я знаю вас! — и я его назвал.

Я хорошо был знаком с его отцом и самого юношу совсем еще недавно видал в гимназическом мундире и особливо запомнил по причине резких левых речей против войны. Речи эти мне очень напомнили Михаила.

Сейчас юноша был пламенный коммунист. И он узнал меня. Это он дал мне денег и помог устроиться у Ивана Потапыча. Сам же он торопился, как говорил, на "красный фронт". Там вскоре доблестно пал он одним из первых. Его имя прочел я в "Известиях", которые принес мне Горецкий 2-й. Вместе помянули мы храброго юношу, а кстати отца его и деда, столь же доблестно павших первыми в свое время, но на иных фронтах.

Глава четвертая

Ведьмин глаз

Пасха в том году была не очень поздняя. В зеленом пуху стоял лес, и особенно зловеще чернели старые сосны от соседства с цветущей молодой порослью. Таким и остался у меня в памяти этот путь в Лагутино — зловещим.

Был шестидесятый год. Крепостное право доживало последние дни. Среди разных направлений и кружков, за и против освобождения, было немало отдельно стоящих, очень образованных, вольтерьянского закала дворян, над которыми ни бог, ни человеческие постановления не имели никакой власти — в первую очередь выступал их собственный самодурный нрав.

Таков был отец Веры, Эраст Петрович Лагутин, один из умнейших людей своего времени, по собственному выражению не веривший ни в сон, ни в чох, ни в вороний грай. Всю цивилизацию обзывал он мировым свинством, что, однако, не мешало ему иметь у себя в Лагутине отменную картинную галерею. Он видел в раскрепощении крестьян нарушение пределов своей власти и навыков и напоследок, как говорят, распоясался вовсю.

Был Эраст Петрович вдов и большой женолюб. За барщину мужики его не корили, но так как не пропускал он ни одной пригожей девки или бабы, то злоба на него была велика.

Дочь его Вера выросла сиротой под опекой француженок, то вознесенных прихотью барина на положение хозяйки дома, то разжалованных в бонны при дочери. Эти бонны часто менялись. Вера приучилась жить в самой себе и прибегать за поддержкой к самым верным и скромным друзьям человека бесчисленным книгам отцовской библиотеки.

Правда, наше имение было рядом, но с матушкой моей, великой хозяйкой и хлопотуньей, у Веры близости не вышло. Была она несколько дика и безмолвна и матушке моей непонятна. Может быть, впоследствии отношения бы обошлись, но матушка скоро скончалась, я осиротел, а над имением опекуншей назначили тетушку Кушину.

Один я делил с Верой досуги. Собирали все лето грибы и ягоды, обучались вместе французскому языку и танцам. Вере нравились изобретаемые мной рисунки и сказки, которые во множестве я ей посвящал. Но, хотя мы и были погодки, Веру чувствовал я гораздо зрелее себя. Ее вопросы касательно цели жизни и мучения насчет участи декабристов были мне совершенно чужды. Декабристы, в глазах моих, казались обыкновенными мятежниками, усугублявшими свое злодеяние тем, что они были хорошо образованны и дворянского роду. Но Вера их чтила героями.

Жизнь в нашей усадьбе при матушке и позднее, под управлением тетушки, мирно текла, как у прочих помещиков средней руки. Тысячью интересов, кумовством и взаимным расположением из рода в род владельцы Угорья были связаны со своими людьми.

Ближе всего к сердечной и умственной жизни Веры была одна неприятная мне чета, сыгравшая впоследствии немалую роль в ее необыкновенной судьбе.

Верстах в трех от усадьбы жил художник Линученко со своей женой Калерией Петровной. Он был ученик знаменитого живописца Иванова, того самого, который чуть ли не тридцать лет писал одну и ту же картину "Явление Христа". Картина эта была выставлена в свое время рядом с батальной живописью некоего Ивона, и, признаться, на большинство посетителей последняя произвела впечатление сильнейшее отменной мускулатурой коней. Повторяли также эпиграмму остроумнейшего Федора Ивановича Тютчева о том, что громадный холст Иванова изображает собой не апостолов, а является фамильным портретом семьи Ротшильдов...

Художник Линученко — по боковой линии дядюшка Веры. Надо обмолвиться: насколько наш род был спокоен и в простоте души выполнял свои обязанности верноподданных дворян, настолько род Лагутиных был тревожен. Он славился необыкновенными похождениями дедов, увозом чужих жен, кутежами, дуэлями, а при Александре Благословенном — чернокнижьем и богопротивной мерзостью.

Порода Лагутиных высокая, плечи — косая сажень, волосы кудреватые, нос прямой, с особо красивыми ноздрями, а глаз, под дугообразной бровью, светлый и острый, как у ястреба.

Дед Веры от любовного каприза с украинской девкой прижил сына, Кирилла Линученка, которого отдал в обучение живописцу, а матери его отрезал в приданое пятьдесят десятин к хутору, но дарственной на эти десятины он не дал, сказав: "Пока я жив, не сгоню". Эраст Петрович подтвердил то же самое.

Вот этот, в то время пожилой уже, художник и побочный дядюшка Веры был и закадычнейшим ее другом.

Линученко, наполовину холопской крови, имел в деревне

кучу родни. Он не только ее не чурался, но, напротив, всячески защищал и только и делал, что науськивал Веру против отца. Кроме того, давал ей в руки вольнодумные книжки, неустанно толковал о правах человека и прочих атеизмах французской революции, которых сам был усердным поклонником.

Он этим достиг того, что все кровные естественные чувства дворянки были у Веры жестоко искажены. И не мудрено, что столь злачно взошли в ее беспокойной и великодушной душе зловредные семена, брошенные рукой Михаила. Впрочем, во всей пагубной силе влияние Михаила на Веру я понял позднее.

После случая в Смольном мы так крупно поспорили с Михаилом, что потеряли всякую охоту общаться. Он грубейшим образом поносил государя за его человеческую слабость, столь понятную при красоте, которой он обладал. Я защищал государя, утверждая, что половина приписываемых ему похождений не что иное, как порождение клеветы, а другая половина лишь является ответом на вызов со стороны легкомысленного, хотя и прекрасного пола, который втайне почитает за счастье свою так называемую "гибель" от монарших ласк. Частный же случай, на который мы натолкнулись, был вызван сводничеством родного отца этой пепиньерки, титулованной и изрядно богатой, честолюбиво желавшей себе звания фрейлины.

Михаил оборвал меня, как обычно, бунтарской речью против самодержавия и сказал;

— С корнем бы их, как крапиву, да и дворян всех туда же... И вырвем, дай срок!

Я остановил его, прося не испытывать дольше моего терпения верноподданного, ибо я обязан, по чувству долга, вызвать его на дуэль, так как донос не по мне, а пресечь его поносную речь я обязан.

Михаил совершенно неожиданно засмеялся добродушнейшим образом и весело сказал:

— Ну, цвети в невинности, не буду тебя разъярять; успеешь в чинах даст бог — меня же и повесишь!

С тех пор мы перекидывались самыми поверхностными разговорными речами. Но помешать приезду Михаила в Лагутино я уже не мог. Он был туда приглашен самим стариком, угодив ему ловкостью в танцах и снискав его благосклонность с того достопамятного вечера у тетушки, когда был спасен Михаилом от кипящего чайника. О том же, что Михаил под видом кузена посещает Веру в институте, старик вовсе не знал ничего. Сейчас Вера, вследствие общей слабости и малокровия, в виде исключения была отпущена на праздники домой. По всем признакам, отец согласился наконец уступить ее настояниям и взять ее из института совсем.

Сейчас мы почти молча проехали десяток верст, отделявший Лагутино от почтовой станции. Созерцая по своему обыкновению излюбленный мной закат солнца в широком просторе полей и смягченный умиляющим душу зрелищем, я стал говорить Михаилу иносказательно о моей любви к Вере. Я помянул о Платоновой мифе — двух рассеченных половинках человека, которые при встрече должны непременно или слиться, или погибнуть. Михаил понял и сказал:

— Подобная любовь недостойна человека. Погибнуть можно никак не от чего-нибудь, а только за что-либо. Каждому, ежели он мнит себя человеком, надлежит иметь соответственную высокую идею. — И, подумав, прибавил: — Впрочем, сие — привилегия нашего брата. Прекрасный пол чаще всего обречен на гибель бабочки от огня.

— Значит, ты думаешь, — не скрывая радости, прервал я, — женщина не способна пойти на костер, как некогда Иоганн Гус и ему подобные?

Я решил, что Михаил был желчно настроен против Веры из-за неуспеха своих бунтарских речей.

— Женщина пойдет куда угодно, — возразил Михаил, — но редко сама, чаще за тем, кого она любит.

Как я был счастлив; опять надежды были при мне! Ни внезапного румянца, ни потупленных и вдруг вспыхнувших взоров, этих безошибочных улик юной страсти, не наблюдал я ни разу при встречах Михаила и Веры. Конечно, я знал, что на приемах в институте Михаил, почтительно кланяясь, подавал Вере не французские конфеты, как стояло на коробке, а ту или иную либеральную книжку. Разговоры же их были всегда серьезны, на мой взгляд — отменно скучны. Со дня на день я ждал, что и Вере все это обучение надоест и она будет искать разнообразия хотя бы в искусствах, более свойственных поэтической юности. Тем часом, дабы быть — в противовес Михаилу — во всеоружии своего дела, я усердно посещал императорский Эрмитаж и прочел немало иностранных увражей[6] касательно чудесных коллекций картин.

Старик Лагутин встретил нас на крыльце, увитом свежей хвоей. Во множестве нарезанные прутья с зелеными перьями-листьями были причудливо воздеты на высоких шестах. Казалось, в Н-ской губернии вдруг возросла, роща финиковых

---

[6] увраж (от фр. ouvrage) - сочинение, труд

пальм. Перед домом была покрыта немалая горка молодым газоном, и десятка два красивейших девушек в нарядных сарафанах и парней в алых, как маков цвет, рубахах катали разноцветные яйца. В ряд, сверху вниз, шло множество деревянных желобков, и весело было смотреть, как синие, красные, зеленые и желтые яйца драгоценными камешками катились друг за дружкой в изумруд муравы. В заключение повели хоровод, и все девки и бабы пошли христосоваться с барином, а он их одарял кого рублем, кого платком.

— Из всей христианской религии сего поцелуйного обряда я — наибольший поклонник, — сказал старый греховодник Лагутин.

Он захохотал, показывая крупные, еще целые зубы. Он был дороден и красив, но совершенно лысая голова и жирный кадык, как это верно нашел Михаил, делали его похожим на индюка.

Я глянул на Веру: лицо ее было бледно и выражало тревогу, она не спускала глаз с Мосеича. Этот уродливый человек с большой головой, но ростом с малолетнего, был злым гением Эраста Петровича.

Сам из французских дворян, образован и жесток, он служил у Лагутина по вольному найму. Он был по фамилии Charles Delmasse, но мужичками переименован в "Мосеича". Человек этот обладал всей извращенностью умного дьявола. Обучившись по-русски, он объединил в своей особе весь цинизм и утонченность своей безбожной нации с жестокой грубостью наших нравов. По части безнравственности и садических удовольствий себе лучшего наперсника и советника Эрасту Петровичу было бы не сыскать. Посему в деревенской глуши он особенно дорожил Мосеичем, уважая его к тому же и за прекрасный французский язык.

Когда черед христосоваться дошел до красавицы Марфы, молодой жены Петра-конюха, отличного парня, Мосеич шепнул что-то Эрасту Петровичу. Тот ухмыльнулся и сделал вид, что не заметил, как Марфа, спрятавшись за соседку, нырнула в толпу девушек, чтобы миновать барского поцелуя. Но когда все, поблагодарив за подарки, пошли с песней домой, Эраст Петрович повернулся к старосте, дрянному угодливому мужику, и небрежно обронил:

— Петра не вредно б отметить.

Вера вспыхнула и, подойдя к отцу, смело сказала:

— Нет, батюшка, вы не сделаете Петру худого!.. Брови Эраста Петровича дрогнули, и как-то еще более побелели острые светлые глаза, а ноздри раздулись. Но он себя сдержал и, обернувшись к дочери, сказал ей по-французски:

— Мое желание — чтобы ваши юные мечты не выходили из стен вашей библиотеки.

— А теперь, — обратился он к нам, — прошу, обедайте без меня, я прощаюсь с вами до вечера. Пользуйтесь деревенской свободой в свое удовольствие: есть отличные верховые, есть лодка и экипажи... Но куда бы ни заехали, чуть взовьются над домом три ракеты — прошу всех обратно. Я приготовил вам спектакль и сюрприз: последний, надеюсь, для всех трех одинаковый! — Эраст Петрович обвел нас всех взором, от которого мне стало не по себе.

Обед прошел довольно чопорно, с лакеями и блестящей сервировкой. На месте хозяина сидела старуха Архиповна, Верина няня: таков был каприз старика после изгнания последней француженки.

— Пойдемте на хутор к Линученкам; быть может, они уже приехали! сказала после обеда Вера.

Взволнованные, каждый от своих причин, мы долго шли молча по деревне. У околицы свернули в улочку, узкую, словно труба, — двум телегам не разъехаться. У ставней сбоку, как хвост у собаки, болтался железный болт, и хоть был большой праздник, а не убраны стояли то тут, то там корыта и валялись тряпье и битые черепки.

— Какая темнота! — сказала Вера. — Уж сколько раз выгорала деревня, а строят всё снова по-старому. Зато у батюшки целая полка книг по усовершенствованию деревянных построек. До бедных крестьян никому нет дела.

— Дайте срок, — возразил Михаил, — они сами возьмутся за ум, только б нам не зевать.

Мне, конечно, не нравился их разговор. Мы проходили такими чудными лужайками, где уже голубели цветы и медовый одуванчик потряхивал золотой головкой. Я сорвал самый крупный, поднес его Вере и сказал:

— Тут, как в ромашке, стоит только сказать: "Поп, поп, выпусти собак", — черные козявки и вылезут.

Вера глянула на меня в упор своими светлыми, как у отца, глазами и с усмешкой сказала:

— Вы, Сержик, опоздали родиться; вам бы, правда, быть пастушком с картины Ватто.

В первый раз, что она мне говорила это с насмешкой; я это отнес за счет влияния Михаила и умолк.

Тропинка наша то терялась в оврагах, то растекалась в широких песках в одно с ними общее море.

37

Я глядел, как Вера ловила свой газовый шарф, сдуваемый ветром, глядел и не мог наглядеться на это лицо. Оно было необычайно. Будто не одно, а два лица — не слитые, а включенные друг в друга. В худощавом теле, подавшемся вперед, в узких покатых плечах, как на старинных портретах, была почти слащавая покорная женственность. Цвет лица, слишком белый, с неестественной розоватостью щек, придавал лицу нечто кукольное. Когда шла она, как сейчас, склонив голову с заложенными назад светлыми косами, приходила на память какая-то средневековая покорная жена. Вот держит она стремя рыцарю или, сидя за пяльцами, высматривает запоздавшего в кутежах властелина. Но вот, отвечая на какой-то вопрос Михаила, Вера подняла глаза. И в них показался иной ее облик. Глаза серые, твердые, с той же ястребиной хваткой, как у отца, с затаенной мыслью, которую — умрет, а не захочет — не выскажет.

На хуторе ждала неудача. Сторож сказал, что Линученко прислал письмо: он не может приехать, и передал Вере записку, которую она читала, бледнея.

— Калерия в чахотке, — сказала она, — и они уехали на год в Крым. О, как мне будет страшно тут без них! — вырвалось у ней невольно. И того не замечая, она взяла под руку Михаила, а он крепко пожал ей руку, как бы обещая защиту.

А я, пастушок Ватто, значит, теперь уже ей не в счет.

— До вечера времени много, — предложила Вера, — пойдемте к озеру.

И мы пошли.

Недалеко от хутора, как говорили, по старому шляху в город, было странное место. Сходились близко один к другому высокие холмы, поросшие широким листом зеленой мать-мачехи и каким-то пахучим кустом. У своего подножия холмы эти вдруг обрывались, и ровной блестящей водой стояло небольшое круглое озеро, неизвестно как тут возникшее; говорили: по заклятью старой помещицы над непокорной дочерью, бежавшей с заезжим гусаром. Здесь настигли беглецов злые думы матери: от этих злых дум кони увязли в трясине, а над ней забурлили ключи, и к утру было ровное, как чашечко, озеро. Тут Верина няня, Архиповна, в рассказе вставляла пояснение: "Старая-то помещица ведьма была. Чай в час тот пила, брови сдвинула, как повернет полную чашку на блюдце: "Пусть и ей, непокорной, так будет!" Вот озерко и круглое, ровно чашка с чаем. Одно слово — ведьмин глаз".

Вера эту знакомую мне легенду рассказывала дорогой Михаилу и, кончив, выразительно глянула на него и промолвила: "Вот за непокорство дочери я это озеро и люблю". А Михаил засмеялся.

Нет, решительно у них что-то затеяно, надо быть настороже.

Вера села на большой камень. Михаил рядом с Верой, а я в ногах у нее внизу. Солнце зашло, небо было нежно-зеленое.

— Смотрите, первая звездочка, — показала Вера, — да какая чистая, будто умытая. Скоро пустят ракеты, надо поспешить домой, а мне, признаться, просидеть бы на камне всю ночь...

— Я в небе одну звезду люблю, — сказал Михаил. — Звезду Веспер, воспетую поэтами, предвестницу зари. И знаете, почему? Еще в детстве я где-то прочел, будто алхимики верили, что Венера дает земле треть той силы, что получает от солнца сама, а получает она много больше земли. И потому дух земли должен быть подчинен духу Венеры, полнокровному, жизненному духу знания опытного. Басня эта мила и моему нраву очень любезна. А тебе, Сергей, уж наверно, любезней стишок: "Приди грустить со мной, луна, печальных друг!"

— Не понимаю твоих слов, — сказал я. — Что такое путь опытный и в каком это смысле?

— А в таком, что ежели древний смельчак испытывал сильное чувство, так он его не душил во имя земных добродетелей и каких-то там небесных благ. Он чувству своему отдавался и — что надо было — свершал. Да, один только опыт, доведенный до конца, отсекает все то, что непригодно для роста. И когда настоящие, свободные люди создадут наконец последующим поколениям прекрасную жизнь, достигнуто это будет не трусливым умытием рук, а одной лишь попыткой, хотя бы насильно, но опрокинуть негодные формы, заменив их формами лучшими. Итак, во имя жизни надлежит быть хозяином жизни!

Вера слушала Михаила, как пророка, а меня высокомерный тон возмутил, и я сказал:

— Но кто же тебя-то поставил этим хозяином над другими и кто порукой, что ты думаешь мудрее и лучше других?

Не забуду лица Михаила, когда, сперва покраснев, а потом по привычке откинув голову, он сказал совсем не высокомерно, а в какой-то особой сердечнейшей глубине:

— Так бывает с иным человеком, что для себя самого у него нет больше радости на земле, пока на ней худо другим. И такой человек, даже в случае, если свяжет себя какой-нибудь иной связью, кроме блага всего человечества, большой утехи от этого не получит, только лишится своей самой нужной и

39

драгоценной свободы. Да, так. Словом, явились люди, явятся еще и еще, которые не захотят требовать счастья себе, а радостно будут искать, где и куда сложить свои силы на освобождение и радость всеобщую!

Михаил нагнулся ко мне и, как давно этого не делал, положил свою руку ко мне на плечо.

— Милый Серж! — сказал он. — Тебе сладостен каждый закат солнца, луна и стихи. А подумал ли ты, где у тебя на все это право, когда кругом, быть может, люди и лучше и умнее тебя всё еще родятся, живут и умирают рабами?

— Михаил... — начала и почему-то не кончила Вера.

А у меня в сердце как нож: не договорила она от волнения, или уж ей так привычнее его звать и только невзначай она обнаружила всю короткость их отношений?

Вдруг послышался стон, кто-то всхлипывал на дальней могиле. К озеру почти вплотную примыкало старое кладбище.

— Никак это Марфа на могиле своей матери! — воскликнула Вера и, легко перепрыгнув канаву, отделявшую нас от кладбища, подбежала, к молодой женщине. Марфа повалилась в ноги Вере и заголосила:

— Заступись за Петра, не то ему лоб забреют!

Вера стояла бледная, с поникшим лицом.

— Батюшка меня не слушает, — сказала она.

— Что же мне — руки на себя наложить? Его забреют, а меня, сама знаешь, к себе возьмет вместо Палашки. Да я в прорубь скорей...

— Слушай, Марфа! — сказала Вера; лицо ее было жестко и горело почти тем же светом, как у Эраста Петровича, когда он, бывало, тихонько говорил: "На конюшню пороть"... — Завтра на заре жди меня в голубятне, лучшего места нет. И ты узнаешь, что я решу. Поверь мне в одном: я тебя в обиду не дам, по" терпи до утра.

Когда успокоенная Марфа пошла домой, Вера сказала Михаилу:

— Мы включим ее в наш кружок. Иного выхода нет.

— Ну, что же? — сказал Михаил. — Баба, кажется, молодец.

Меня эти двое откровенно не замечали, должно быть не в шутку относили к эпохе Ватто.

Взвились одна за другой три ракеты, мы встали и, прибавив шагу, пошли обратно к усадьбе. Дом был освещен разноцветными шкаликами. С балкона верхнего этажа до балконов нижнего они ниспадали сверкающими гирляндами. Это был великолепный барский дворец работы Монферрана,

40

строителя Исаакиевского собора, с белоснежною колоннадой и сводчатыми крыльями по обе стороны главного корпуса.

Освежившись в приготовленных нам комнатах, мы с Михаилом облеклись в новые мундиры, лакированные бальные сапоги и, стараясь ступать в них мягко и размеренно, появились среди гостей.

Посреди зала устроен был грот, где бил прелестный фонтан, а на камнях под цветущими олеандрами, замаскированными так, что не видать было кадок, а казалось, что будто деревья росли меж камней, сидели грации, пастушки и нимфы.

Сквозь узкие прорези шелковых черных масок лукаво сверкали глазами костюмированные гости. Огромные стенные зеркала отражали всю эту роскошь и как бы передавали ее в бесконечность. В глубине зала возвышалась сцена, куда внезапно по хлопку хозяина, под звуки незримого в зелени хора, умчались от бассейна нимфы, пастушки и грации.

На Эрасте Петровиче надет был бархатный кафтан его деда, екатерининского вельможи, с лентой и регалиями. В соответствующем парике, он казался важным выходцем с того света.

Кроме нас, не костюмирован был еще один гость — князь Нельский, ближайший богатый сосед, очень просвещенный и гуманнейший человек, уже немолодой, но с лицом прекрасным по выражению душевных качеств.

Эраст Петрович настоял, чтобы мы облеклись в костюмы маркизов; князь в кафтан гпарлахового бархата, мы — в одинаковые голубые камзолы и парики.

Мы были с Михаилом одного роста, так что, надев маски, легко могли сойти друг за друга. Обстоятельство это оказалось новым звеном в той объединяющей нас тяжкой цепи, которой, не спросясь, нас сковала судьба.

Перед ужином Вера, прелестно носившая костюм "помпадур", шепнула мне в ухо:

— Сейчас беги в беседку! Я глупо спросил:

— Ты придешь?

От звука моего голоса Вера вздрогнула и сказала:

— Нет, Сержинька, не приду, я нарочно... — И легче перышка она отлетела.

Я понял, что приглашение относилось к Михаилу.

Тут словно бес меня обуял. Острая пронзительная ненависть к товарищу, которого моя же рука привела мне на гибель, разбила и пронзила мою душу. Истинны слова некоего старца, которые тетушка Кушина любила повторять: "Бесы не сильней человека, но, когда человек до них снизится, он станет с ними единой породы, и ему уже их не стряхнуть. Ибо их легион!"

Легион низких страстей пробудился в моей душе. Увы, она не оказалась подобной величавому океану, а дрянным болотцем, подернутым сверху приятной для глаза изумрудной ряской.

Месть, ненависть, оскорбленная любовь и мелочное самолюбие, задетое Михаилом, столкнули меня по крутой тропинке к пруду, где стояла беседка.

Я укрылся в кусты. Начался фейерверк.

Сотни огненных мячей взметнулись в темном небе и, как бы не удержав воздуха, разорвались в вышине и брызнули вниз разноцветными искрами. А озеро, большое водное зеркало, отдало небу обратно огни.

Мои чувства художника были столь дивно встревожены, что на минуту все злое как будто отлегло от души. Но два знакомых голоса заговорили в беседке. О, этим двум не было никакого дела ни до красоты сего мира, ни до моей разбиваемой ими жизни!

Ведь мы все, Русанины, — однолюбы. Две тетки от несчастной любви ушли в монастырь, а дядя Петр застрелился.

— Дорогая моя! — сказал Михаил с таким страстным чувством, которого я не ожидал от него. — Дорогая, так неужто не сон, ты решила соединить свою жизнь с моей?

И в ответ ее нежный голос:

— Ты можешь еще спрашивать?

На минуту затихло: они целовались.

У меня мутнело в глазах, и ракеты, падавшие в воду, казалось, падали в мое сердце и жгли его.

— Но я тебе должен признаться, — голос Михаила вдруг стал отвратительно жесток, — я для своего дела пожертвую и любовью. Когда одна женщина пыталась меня обратить в свою вещь, я едва не свершил убийства. Это было в Крыму... рассказать тебе?

— Мне твое прошлое нечего знать, я соединяюсь с тобой для грядущего, — сказала с достоинством Вера.

— Дорогая, но ведь, кроме лишений, со мной ничего. И это еще в лучшем случае. Мой выбор неизменен: отдать жизнь на восстание рабской страны против деспота. В случае неудачи, ты знаешь, даже не каторга, а виселица.

Но она прервала его древними, как мир, как любовь мужчины и женщины, словами;

— С тобой, мой милый, — на плаху!

Опять убийственное молчание, опять поцелуи. Потом, смеясь как ребенок, она сказала:

— Сейчас за ужином батюшка объявит меня невестой князя Нельского. Он только что строго со мной говорил и был поражен, что я не возражаю ему, как это обычно у нас бывает и по менее важному поводу. Представь себе, это и был обещанный сюрприз всем троим. Батюшка вспомянул вас обоих: "Твои кавалеры, — сказал он многозначительно, — не будут столь спокойны, как ты". На что я ответила: "Тем хуже для них! Я ложных надежд никому не давала, и хоть князя я тоже не люблю, но не за мальчишек же мне выходить!" Теперь батюшка далек от подозрения, что к одному из этих мальчишек я завтра сбегу.

Михаил хохотал.

— Ты Макьявелли, моя дорогая! Но серьезно, когда же побег?

— Утром я обо всем скажу Марфе, а она Петру. Если не удастся вскорости попасть к твоей матушке, как мы решили, то жди письма, я пришлю с Сержем — он верный.

— Да, пороху он не выдумает, но парень, кажется, действительно верный, — сказал снисходительно Михаил.

Несчастный! Это были слова, которые его погубили. Эти слова вырвали из моего сердца последние остатки великодушия, на которое я еще был способен. Как, мне предстояло отказаться от всех радостей жизни, созидать счастье соперника и за все это лишь получить малолестное определение — недалекого парня!

Звуками гонга и труб гостей созывали на ужин. Среди блистательной сервировки и благоухания цветов, вынесенных на торжественный случай в вазонах из оранжерей, Эраст Петрович встал с бокалом шампанского. Он был все в том же кафтане екатерининских времен и особливо торжественен — как французский маршал двора.

— Дорогие гости, почитаю себе за честь объявить мою дочь Веру Эрастовну невестой князя Нельского, — сказал он.

Заиграли туш, пошли поздравления и тосты в честь жениха и невесты...

Я, не в силах вынести вероломных лиц Михаила и Веры, убежал. Последнее вышло как бы естественным выражением моих обманутых чувств, ибо все знали о моем давнем расположении к Вере. Таким образом и тут я остался в дураках, невольно помогая их планам.

Глава пятая

Голубиные шейки

Начинался день. Небо было серое, сеял дождь. Моим измученным чувствам была приятна эта невыразительность природы. К рассвету я забрался в ту беседку, где было ночное свидание Михаила и Веры. Под скамьей что-то белело. Я нагнулся взглянуть: это были листы заграничного "Колокола"; верно, их Михаил обронил этой ночью. Я подобрал с отвращением.

Эти листы были лазейкой хищного волка, через которую удалось похитить ему, убийце и заговорщику, мой покой и отраду. Вид этих страниц, в два черных печатных столбца, был для меня — как гробовая змея древнему князю Олегу; выползающая из мертвого черепа. Бешенство охватывало меня все сильней по мере того, как в печатном тексте я узнавал почти дословные изречения Михаила. Я не заметил, как в беседку вошел Мосеич.

— Не ожидал я от вас, сударь, столь вольнодумного увлечения, — сказал он по-французски, осклабляя свой большой рот.

— И были правы, мой друг, мсье Дельмас, — отвечал я, как обычно называя его по фамилии, за что пользовался неизменною его дружбою. Дворяне, как вы и как я, не должны быть предателями своего сословия. Собственник подобной заразы может быть лишь тот, кто сам ею заражен.

— Подобно вашему другу Бейдеману?

— Я его не назвал.

— Но у меня есть свои наблюдения. Прошу вас, — сказал Мосеич, — дайте мне этот проклятый журнал. Я считаю долгом чести бороться с врагом своего сословия. А в данном случае еще предстоит оградить от злого влияния юную девичью душу. Разве вы не видите: Бейдеман околдовал Веру Эрастовну. Вчера, когда объявили ее помолвку, я подметил интересные вещи: она с ним перемигнулась. Это был взгляд заговорщиков. Они нечто задумали, чему надлежит помешать. Или вас не трогает судьба неопытной жертвы? — прибавил карлик с коварностью.

— Я погибну, но не дам ее погубить! — воскликнул я вне себя.

— Так дайте мне журнал.

Передавая журнал в длинную, как у обезьян, цепкую руку Мосеича, я уже не хочу говорить, как говорил себе всю жизнь, что не знал вполне того, что я делаю. Конечно, я не мог знать той формы, какую примет это мое первое предательство, но не знать, что обличение Михаила как распространителя запрещенных изданий не пройдет для него без вреда, я, конечно, не мог, особенно отдавая журнал такому злодею, как Мосеич.

Я сейчас в тех годах, когда человек больше от своей совести не желает уйти и когда уже больше не тешит никакое прикрытие. Мне осталась бесславная, но гордая отрада: быть своим собственным правдивым судьей. И вот надо отметить; едва я в гневе дал Мосеичу "Колокол", как тотчас кинулся за ним взять обратно. Но, как опытный совратитель, зная все изгибы слабой воли, Мосеич, не дав мне опомниться, скрылся из кустов в подвальном этаже дома. Там была у него мастерская, про которую ходили темные глухи и где, за ходами и переходами, мне б его было все равно не найти. Я горел как в лихорадке, прыгали мысли. Только неизменным оставалось одно руководящее чувство: быть около Веры, не отдавать ее Михаилу...

Мне все чудилось почему-то Лобное место на московской площади и палач, обмотавший вокруг кулака русые Верины косы. Ее белая шейка на плахе, сверканье топора... Я галлюцинировал, я был болен. И вдруг мозг с точностью записи восстановил разговор, слышанный ночью в беседке: дальнейшее в судьбе Веры будет связано с Марфой и Петром, — отсюда обещанный Верою визит в голубятню...

Едва вышедшее еще слабое солнце чуть позлатило верхушки березовых рощ и березки затрепетали от привета первым лучам, я, как тать, пробрался на голубятню и скрылся за разной рухлядью, в беспорядке сваленной в кучу.

Еще раз: не буду лгать вовсе. Мне не было стыдно, хоть я и знал, что делаю низкое дело. Но в тот миг я не был корыстен. О своем счастье я больше не думал. Мне надо было спасти Веру, обольщенную мятежной волей, быть может, больного человека. Михаил говорил мне, что у них в роду есть сумасшедшие. Эта его устремленность в одну точку, этот огонь, всегда его сжигавший, могли быть и началом болезни. Подслушанное мною признание, что он едва не совершил убийства любимой женщины, привело меня в ужас. Слова же его Вере, что в союзе с ним ей придется делить не только Сибирь, но и виселицу, обличали гордыню бездушного злодея. Слова эти жгли мое сердце: если Вера за ним пойдет, на полдороге ведь она не остановится! А помыслить ее в тюрьме, в ссылке и лишениях — я не мог. Я должен спасти ее. У нее к Михаилу не любовь — злое наваждение. К тому же, как верноподданный, зная о вредных умыслах юнкера, которому скоро, как и мне, предстояло облечься в офицерский мундир, я чувствовал себя обязанным их пресечь.

Кто знает, как далеко могла посягнуть его злая воля? Ведь говорил же он не раз: "Если имеющий высшую власть от нее не откажется, можно его к отказу принудить".

Послышался легкий шорох, будто кралась кошка. Я глянул в просвет. Это был Мосеич.

"Что ему надо здесь?" — подивился я, и мне вдруг, стало страшно.

Мосеич подошел к домику, где сидели молоденькие голубки, вытащил одного, свернул ему шею, другому и третьему. Лицо его было отвратительно, как у колдуна из "Страшной мести". Как у того, нос Мосеича показался мне больше обычного. Из плотоядно приоткрытого рта глядел желтый клык. Длинные, не по росту, руки с костлявыми пальцами вдруг мертвой хваткой зажали трепетной птице клюв и головку. Как штопором в пробке, он крутнул сизой шейкой раз, два; хрустнули позвонки. Старые голуби вздымали крыльями и курлыкали с жалобою несказанного...

Негодование мое было так велико, что я было двинулся схватить негодяя за шиворот, как внезапно он сам, подхватив мертвых голубей, юркнул в дальний угол. По лестнице взошли Вера и Марфа.

— Ахти, беда! — воскликнула Марфа и кинулась к дверце голубиного домика, которую Мосеич не поспел захлопнуть. — Опять трех голубочков унес, дьявол горбатый!

— Кого ты бранишь? — спросила Вера.

— Карла Мосеич голубкам свернет шейку да съест. "Вкусней, говорит, чем цыплячье!" Хуже этого дьявола никого нет на свете, барышня; ведь это он барина подучает...

— Низкий человек, — вспыхнула Вера. — Но оставим его, нам с тобой время дорого; брось голубей, сядь ко мне.

При всем моем волнении я не мог не оценить и не запомнить навсегда восхитительной картины, которую увидел. Как в Рембрандтовом освещении, прорезывая окружающую мглистую тьму, через слуховое окошечко на головы Веры и Марфы упадал золотой солнечный луч. Тонкое лицо Веры, охваченное внутренним возбуждением, как ангел Страшного суда, и сейчас сияет предо мной своими непреклонными взорами, а девичья небольшая рука ее легко лежит на золотой волне густых и пышных волос Марфы, русской красавицы в белой шитой рубахе и излюбленном в наших местах — синем кубовом сарафане. Они условились бежать нынешней ночью. Петр, один из старших конюхов, должен был выкрасть пару вороных, запрячь шарабан и ждать ночью за околицей. Марфа под вечер, как старый Лагутин любил, должна была принести ему в спальню после ужина графинчик вина, куда будет подсыпан сонный порошок, чтоб избежать ей ночного плясанья.

Вера была немногоречива и покойна. Весь план у нее был твердо обдуман.

— А дальше, барышня милая, куда денемся?

— Дальше в Лесное, под Петербург; там нас укроют, пока не приедет Линученко. Сейчас мешкать нечего. Выпускай голубей и беги ко мне в комнату. Только б вырваться на свободу. Не пропадем...

— За вами, барышня, в огонь и воду! — сказала восторженно Марфа.

Вера встала и пошла к лесенке. Когда она нагнулась, чтоб сойти на ступеньку, ее легкий газовый шарф скользнул мне по лицу. За нею спустилась и Марфа, а освобожденные голуби, оттолкнувшись красными лапками от деревянных домиков, взвились над березами.

Я сидел неподвижно, потрясенный всем слышанным. Какую силу над Верой имел Михаил!..

Два месяца тому назад он — незнакомый ей человек, сейчас заставляет порвать навеки со старым отцом, с родным домом и бежать с челядью путем вероломных обманов. А я, друг ее нежного детства, как от первого ветерка пух одуванчика, вылетел вон из ее памяти.

— A la bonne heure[7], — сказал вдруг голос Мосеича, — вот нежданная дичь! — И с любезностью, какую позволяло его безобразие, прибавил: — Не спрашиваю вас, сударь, о том, как вы попали сюда. Надеюсь, мы с вами единомышленники по поводу заговора юных дев. Все, вплоть до сонного порошка, как в мелодраме, — невинный результат французской библиотеки отца! Мы, для благополучия героинь, разумеется, должны помешать им разыграть пьесу в жизни. Что, впрочем, будет тоже "по пьесе". Извините, мой галльский вкус к остроумию не покидает меня ни при каких обстоятельствах жизни.

Мне был отвратителен сей Квазимодо, но я должен был с ним согласиться в желании помешать ночному побегу. Мысль,

---

[7] В добрый час (фр.)

47

что Вера совсем уйдет к Михаилу, мне темнила сознание, лишала рыцарских чувств.

— Сейчас ни звука, мой друг, — зашептал мне горбун, — положитесь во всем на меня. Пусть злой похититель уедет в надежде свидания, а героиня со златокудрой наперсницей приготовит все к бегству из отчего дома. Пусть попробуют; мы их у околицы хлоп, — и в мышеловку мышат. Мы их допустим, mon ami[8], на шарабанчик к Петру, с узелочками, с сувенирами; а чуть кони с места, верная стража — наперерез с фонарями и гиканьем. Можно ракету-другую пустить, от помолвки остались! Хе, хе... Невеста, разумеется, в обморок, ее в девичью светлицу на замок. Петра, по обычаю здешних мест, на конюшню, а рыжую Марфу... — лицо Мосеича стало как у мерзкого павиана, — разверстка по чинам! А утешителем при героине опять вы, как было раньше, — один.

— Негодяй! — сказал я, дрожа от бешенства. — Я не участник в издевательстве.

— Это вы? — Мосеич попятился к слуховому окну и на всякий случай первый спустил ноги наружу, на перекладину лестницы. — Вы, сударь, участник решительно во всем, от вас первый толчок к семейной драме. Вы предали Бейдемана, раздавив его "Ко-ло-ко-лом". Не правда ли, для Китая то был бы недурной каламбур?

Я кинулся к лестнице и крикнул ему:

— Что вы сделали с журналом?

— Ничего плохого, я передал его в сохраннейшую из библиотек, в отцовские гневные руки Эраста Петровича.

— Куда вы меня вовлекли!.. — вырвалось у меня.

— Полно, mon cher[9], вы не малолетний. — Мосеич уже не скрывал презрения. — Но, по русской пословице, вы хотите, чтоб у вас рыльце не было в пуху. А я, сударь, и для своего стола имею мужество собственноручно свертывать голубкам шеи. Что же, еще не поздно, — сказал этот дьявол, и опять он сказал правду, — идите, предупредите Веру Эрастовну!

Он не сомневался в моей низости.

Когда я сошел вниз по чердачной лесенке, яркий день ослепил меня. Серое небо сменила сплошная синяя эмаль. Я побрел к усадьбе. Дойдя до скамьи, откуда издали было видно поросшее диким виноградом окно девичьей спальни Веры, я свалился без сил, Всю ночь я не смыкал глаз. Пережитые волнения были слишком сильны. Если б сейчас Михаил

---

[8] мой друг (фр.)
[9] мой дорогой (фр.)

оказался рядом и спросил меня, что со мной, я, не думая о последствиях, рассказал бы ему решительно все.

За кустом в ручье щелкали утки, ловя червяков; стадо коров, тяжело топая, прошло к водопою. Слабо звякнули бубенцы, к крыльцу подкатила тройка. Я сообразил, что это для Михаила, который, попрощавшись со всеми еще с вечера, торопился попасть в город к поезду, чтобы в последний день отпуска повидать еще свою старушку мать в Лесном.

Вдруг из плотных кустов буксуса, росших прямо под окном Веры, как из-под земли, показался Михаил. Он был в шинели и фуражке. Сорванным прутом он легко постучал в ставень. Конечно, его стука ждали: окно распахнулось, и Вера, в розовом кисейном капоте, сияющая, ликуя в ответ солнцу на чистом, без облака, небе, протянула ему свои тонкие девичьи руки. Михаил ловко прыгнул на подоконник. Они обнялись.

Решительно судьба надо мной издевалась: в том, что ночью я лишь угадывал по слуху, сейчас должен был воочию убедиться.

Вера что-то долго шептала Михаилу — верно, рассказывала про побег. Он торопил ее, оглядываясь по сторонам; он боялся, что их заметят, раза два глянул в моем направлении. Я был от них скрыт густой беседкой сирени, но мне-то они были видны сквозь небольшой просвет.

Они прощались так весело и были полны таких непреложных надежд, что я не заметил и тени боли, этой неизбежной спутницы любви при малейшей разлуке.

Он спрыгнул с окна, обернулся. Она ему махнула оставленной им веткой и долго смотрела на дорогу, пока не улегся последний столб пыли, взметенный умчавшейся тройкой. Не отрывая глаз от нее, я видел, как она все с той же победной, ликующей улыбкой ушла в глубь своей комнаты. Если б она знала, что в это сияющее утро она видела Михаила в последний раз... Впрочем, нет: она увидала его еще однажды. Но это уже был не он.

Мой отпуск кончался через несколько дней, но я не мог выдержать так долго пытки. В доме было напряженно, как перед грозой. Старик Лагутин сказался больным, и Мосеич от него не выходил; очевидно, обдумывали вместе ловушку. Вера появлялась, как лунатик, видимо отсутствуя где-то чувствами, и все больше сидела запершись с Марфой; как потом оказалось — отбирала все ценное для побега. Улучив минуту, я подошел к Вере и сказал:

— Прощайте! Я ухожу на охоту, и, чего доброго, завтра не

49

удастся попрощаться. Вы спите долго, а мне ехать зарей, как сегодня Михаилу.

Я нарочно подчеркнул последнюю фразу, я с вызовом смотрел на нее, я внутренно молил ее обеспокоиться моим возбуждением, задать вопросы, потребовать ответа. Кто знает, хоть минуту обрати она на меня лично внимание, я, может быть, ей рассказал бы про Мосеича... Я бы не знал удержу в благородстве, я бы создал новый план бегства, я сам бы помог его выполнить! Кто же знает всю глубину низости и всю высоту подвига самоотвержения собственной таинственной природы?

Вера насторожилась при имени Михаила, но тут же, должно быть привычно учтя мою недалекость и постылое "благородство", решила, что подчеркивание случайно, рассеянно сказала мне: "Вот как! Ну, прощайте", — и ушла к себе на зов Марфы.

Я схватил ружье и пошел куда глаза глядят. Целый день пробродил я, ничего не убив, да и было мне не до охоты. Сам, как смертельно раненный зверь ищет место, где бы ему приткнуться и зализать свои раны, я со стоном прометался по чаще всю ночь, и на заре, охваченный мучительным беспокойством относительно судьбы Веры, с чувством вины перед ней и презрением к себе, подходил я к усадьбе Лагутиных.

Вдруг из конюшни, мимо которой лежал путь, донеслось нечеловеческое рычание. Я прислушался! хлест плети и оханье после удара, как от поднятия тяжести, без слов объяснили мне о производимой там мерзостной экзекуции.

— Стой! — раздался голос Мосеича. — Он не дышит. Окати его водой.

Я изо всех сил дернул дверь, сорвал ее с петель и вошел. На скамье лежал туго связанный, смертельно бледный Петр. Он был без сознания. Его здоровое голое тело было вздуто сине-багровыми рубцами и залито кровью.

— Мерзавцы, вы его забили до смерти!

— Последнее всыпали, — сказал равнодушно огромный мужик. — Пущай отлежится.

И он стал обтирать трехконечную плеть от крови.

Мосеич, сощурив ядовитые свои глаза, закурил трубку.

— Сорвалось, — сказал он. — Всем трем голубкам свернута шея!

— Что с Верой? — крикнул я.

— Королева под крепким запором, хоть и не в круглой башне, но едва ли сбежит. Старый король с большим вкусом

50

воскресил этой ночью рождение Афродиты из пены морской при участии рыжей Марфы.

— Что решил он для Веры Эрастовны?

— Нечто вам приятное. Выдать ее немедленно за князя Нельского. Он вдвое старше, и молодой утешитель будет хорош...

Я пощечиной свалил дьявола с ног и побежал к дому. Был очень ранний час. Двери и ставни заперты. Я подтянулся на руках, как вчера Михаил, к подоконнику Веры и постучал кулаком в ставень. Не сразу чуть приоткрыла его старуха Архиповна. Она замахала на меня:

— Погубишь нас, уходи, стерегут... Послышался голос Веры, она спрашивала, кто говорит. Архиповна опять высунулась, оглядываясь кругом, и шепнула мне:

— Жди в кусту.

Как заяц, я прыгнул в густую акацию, и вовремя. Гришка-цыган, приспешник Мосеича, с дубиной выскочил из-за угла и крикнул:

— Кто здесь?

Целый час просидел я в засаде, пока Гришку не позвали в людскую и сменить его под окном пришел Кондрат, молодой славный парень, с которым я ходил в ночное. Он был мне очень предан, и я хотел выкупить его у Лагутина.

— Кондрат! — крикнул я.

— Что вы, барин! — отмахнулся он. — Меня запорют, если вас допущу...

Сморщенная рука няни Архиповны, с красной шерстинкой от ревматизма, высунула письмо из окна.

— Кондрат, дай скорей письмо, — попросил я. Кондрат оглядел зорким глазом вокруг и, взяв у няни конверт, отдал мне. Я скрыл его на груди. Ставень захлопнулся.

— Как было дело, Кондрат, скажи в двух словах?

Кондрат рассказал, что Марфа под вечер принесла старику Лагутину вино, куда барышня сыпнула сонного зелья, а как барин про всю затею уже знал от Мосеича, то графинчик он обменил другим, заготовленным. Марфе плясать приказал, а сам притворился, что засыпает.

Марфа, уверившись в его сне, побежала к барышне, и обе, схватив узлы, за околицу. А уж там Петр ожидал их с коляской. Только сели, Эраст Петрович им наперерез, да с револьвером. Хоть стрелял он в воздух, а обе со страху сомлели. Петр ударил по коням, да куда против скакунов... Тут его, раба божьего, спешили, связали по рукам и по ногам и Мосеичу сдали, заплечных дел мастеру. Барышню на руках в светлицу внесли, с нянькой заперли, а Марфу — всю ночь плясать...

— Пляши! — кричит барин. — Пока пляшешь, Петра пороть не велю, а как присядешь — начнется работа! До утра буду взбадривать. А ну-ка, сократи ему срок!

Всю ночь, как ведьма на шабаше, плясала Марфа, пока, словно сноп подрезанный, не свалилась. Сейчас больная лежит.

— Идите, барин, от греха...

Кондрат, завидев сторожа, отскочил от меня, а я пошел заказывать лошадей.

Верино письмо не было запечатано. Я так мало был для нее человек, что не стеснял ее в проявлении самых заветных чувств. На преданность мою и великодушие она, по-видимому, надеялась совершенно.

Как оскорбительно и опасно для человека то, что люди именуют уважением и что на деле — лишь величайшее равнодушие при удобном для них признании тех или иных возвышенных качеств души! Но ведь от бездушности признания человек немедленно теряет все эти качества, чем, конечно, печально свидетельствует, что совершенное бескорыстие, ради самой красоты поступка, является уделом лишь самых немногих избранных.

Вера описывала Михаилу неудачу побега, равно как и причину, побудившую ее не пытаться что-либо предпринять без договора с ним. Отец явился к ней с листами "Колокола" и с заявлением, что он представит начальству Михаила все дело как совращение дочери в политических видах.

У Веры был страх, что Михаил при своей горячности станет открыто говорить о своих убеждениях, чем немедленно лишит себя свободы, а с ней и действительной работы для дела революции.

"Впрочем, — заключила она, — если находишь нужным себя обнаружить и пасть сейчас, застрельщиком дела, то умоляю лишь об одном: не забыть и меня взять с собой. Ведь мы соединены навеки..."

Тут следовали такие признания любви, которых я сам и в мыслях не посмел бы сделать Вере.

И она даже не сомневалась, что такое письмо я передам! Так напрасно же она не сомневалась!

Глава шестая

Круглая комната

Какие дожди этим летом! С холодной зимы не отогреться. Я ухитрился подшить под валенки по куску линолеума, чтобы не промокли: калоши — не по карману. Девочки очень смеялись, однако помогли.

И сколь счастливы их ручонки; денег набрал я, как никогда. Жалели проходящие старика: под дождем, а в валенках, и с подметкой из клетчатого линолеума.

В сущности люди больше художники, чем они это думают. Их трогает не сама нищета, а лишь ее новый, живописный оттенок.

Когда я шлепал по лужам в прежних намокших валенках, мне было куда хуже, а давали-то меньше. А сейчас, с этой остроумной заменой калош, когда я выиграл в смысле здоровья, в придачу и люди на меня умиляются и дают вдвое больше.

Купил я к хлебу полфунта костей в мясной. Девчонкам я купил по конфетке ирис; спохватился, да поздно, что мальчишки с лотками их для блеска облизывают языком. Ну, ничего, обварю кипятком, будто нечаянно; съедят девочки на здоровье.

Приехал домой я сегодня в трамвае. Сидя в углу, я читал объявления о разоблачении плутней гадалок и гипнотизеров каким-то заезжим профессором психологии. Я вспомнил вдруг Париж и гадалку m-me де Тэб. У нее в приемной комнате висел гипсовый слепок одной руки, такой мне знакомой по карточной игре. Я всмотрелся и говорю: "А ведь это рука генерала Д.". Де Тэб как привскочит:

— Как вы узнали? Дайте-ка мне вашу. — И вдруг грустная стала, чуть не плачет: — Ужасная ваша судьба...

Я пристал:

— Расскажите.

— Большой художник в вас погиб, — сказала она. — А если человек убьет данного ему художника, в нем неизбежно возникнет злодей: таковы законы духа. Ну, это ваше прошлое...

А про будущее она, уступая моим настояниям, сказала, бледнея, в ответ на вопрос, какою смертью мне суждено помереть:

— Вы умрете, сударь, от истощения, после невыразимых

мук одиночного двадцатилетнего заключения и сумасшедшего дома.

Нынче мне восемьдесят три года. Если даже сегодня, придя домой, я буду посажен в тюрьму, то и в безумном состоянии прожить еще двадцать лет и умереть ста трех лет от роду едва ли вероятно.

Да, с предсказанием m-me де Тэб, как говорили у нас в корпусе, села в лужу. Кто тронет нищего старика?

Я не мог писать эти дни. От дождей вспыхнул ревматизм. Я, как больной зверь из берлоги, смотрел в непроглядное небо, ожидая солнышка.

Завтра первое мая, день навеки мне памятный, когда я сделал свой второй шаг на пути гибели Михаила. Первый шаг, если читатель помнит, свершен был в беседке, когда я в руки Мосеича передал заграничный журнал "Колокол". О последствиях этого дела скажу в этой главе, но прежде для себя самого надлежит занести мне ближайшее: первомайское торжество в шестой год революции.

Еще накануне сеяло весь день, словно из сита, и девочки наши всплакнули, что не удастся им завтра справить праздник. Однако первого мая солнце вдруг вышло такое пышное, жаркое, как в лучший день июля. Девочки весело щебетали, нацепляя друг на друга красные банты; старик Потапыч надел сбоку коммунистический знак: серп и молот на красной звезде. А в красный галстук воткнул он булавку с портретом товарища Ленина.

Я смотрел, как Потапыч брился и надевал эти новые знаки, признак окрепшей власти.

Все ушли из дому; я — один. Девочки со своей школой уехали на грузовике, увитом еловыми ветками, с огромными плакатами о преимуществах грамоты над темнотой.

Старик Потапыч тоже идет нога в ногу с "работниками просвещения" — он числится сторожем в Наробразе. Уходя, он сказал мне с гордостью:

— У нас свое знамя, отменной вышивки. Обратите внимание: колосья на вишневом бархате и лозунг...

Я не долго оставался один. Кряхтя от высокой лестницы, взгромоздился Горецкий. Любопытнейший старик, любит зрелища, а у нас окна на Невский, и к тому же с птичьего полета.

Горецкий окончательно впал в детство: он прежнее все забыл, живет последней минутой. Прежде всего он спросил, есть ли сахар и не вредно б чайку... Пили вприкуску — такова

54

стала роскошь. Впрочем, это заветный, припрятан у меня для девочек.

Горецкий с жаром описывал, какие пойдут процессии и инсценировки. Ему посетители нередко оставляют газеты и болтают со словоохотливым стариком.

Видя превосходное состояние здоровья Горецкого по сравнению с моим, я взял обещание со старика, что он, в случае моей смерти, записки мои передаст по назначению. Он долго упрямился, говоря, что у него нет свободного времени, но за фунт махорки согласился, что, в случае чего, снесет мое писание в редакцию сам.

Вдруг ударили трубы: от Николаевского вокзала по всему Невскому широко протянулась процессия. Шли рабочие, шли войска, шли дети. Шел просто народ и праздновал свой праздник. Посреди на грузовике — огромных размеров земной шар. На нем красной краской среди голубых морей отмечены революционные земли, где революция уже совершена или ожидается. А вместо экватора подвижной пояс с лозунгом: "Пролетарии всех стран, соединяйтесь!"

И когда — вокруг этой громады хор чистых девичьих голосов выкликнул тот самый призыв, который, бывало, с такой горячей верой в грядущее мне шептал Михаил, мне чудилось: незримый, он тут. Надо признаться, что было и чувствительно и прекрасно. В другом грузовике, громадной калоше, — веселая буржуазия всех стран. Из калоши — обмен острословия с окружающими, ко всеобщему удовольствию.

А в стройных колоннах — войска. На войсках отлично пригнана форма с разноцветными петлицами. Все они в шлемах, как витязи. Опять понабрались откуда-то рослые молодцы... Не оскудевает Россия! Давно ли поля битвы усеяны были лучшими бойцами, а она уже, гляди, — как целина, напоенная солнцем, не устает выгонять стройный колос, — опять выгнала новых в ряды.

От духовой музыки охваченный воинским пылом, мой бедный Горецкий вдруг вспомнил про прежнее.

— Сережа, порой я от старческой злости ведь вру. Я сторож... А ведь аул-то Гильхо взят был мной, мной!

Он было всхлипнул, но тут же, ликуя, как будто и он участник первомайского торжества, вдруг сказал мне:

— Ага, теперь небось можно так, теперь и с красными, со знаменами, а прежде-то, прежде?

Меня взорвала его безответственность.

— Дурак! — сказал я ему по-старому. — Да из-за кого же нельзя было, соломенная голова? Из-за таких вот, как ты да как

55

я. Протестовал ты, когда вешали террористов, когда гнали в тюрьмы? Ты, братец мой, одобрял.

— Ну, mon cher, — сказал он, не смущаясь, — это другое дело, террористы хотели применять насилие.

Я с ним не стал разговаривать. Старик явно сходит с ума. К тому же он так радовался, что у милиции новая красивая форма, черная с красным воротом, и сшита по росту.

— Mon cher, у нас снова полиция, и насколько приличнее прежней, ma foi[10], — европейская. О, если б я знал, что будет так, ни за что я бы не саботировал! И они, между нами говоря, поторопились истреблять нас. Сразу надо было нас кооптировать... Впрочем, я не ропщу: мое место тихое и, так сказать, самодержавное. Сам себе голова, и канцелярии... хе-хе... никакой.

Я устал от Горецкого и обрадовался, когда он стал уходить. Но, тут же устыдясь, что тягостен мне этот последний родной человек, я сам вызвался его проводить.

Идя обратно, вовлекся я в общий поток и со всеми попал на эту роковую для меня площадь Урицкого. Несметная толпа народу в образцовой тишине и порядке слушала речи высоко на трибуну взошедших ораторов. А когда вознесли и развернули пурпурное знамя, грянул из тысячи уст "Интернационал".

Что действительно видел я и что мне пригрезилось? Не на этой ли самой площади, неотделимый от слова "Россия" — казалось — навеки, мощно звучал иной гимн? И давно ль это было? По времени — краткое пятилетие, по пережитому — века. И вот таким же неотъемлемым от страны стал "Интернационал".

Девочки вернулись веселые, с гостинцами, а Иван Потапыч явно выпивши.

— Угостили кооператоры пивом, не по-товарищески отказаться, — объяснил он свое состояние.

Снимая свои новые значки, Иван Потапыч, желая праздник Первого мая утвердить в домашнем быту, крикнул громко, как на улице: "Да здравствует красный пролетариат!" Затем, облекшись в халат и позевывая, нимало не шутя, спросил у девочек:

— А долго ли протянутся царские дни?

Младшая, Сашенька, с досадой сказала:

— Вот еще выдумал: протянутся! Завтра же уроки. Революция решительно стала бытом. И как скоро!

---

[10] честное слово (фр.)

Дольше зарастает молодняком старый, с корнем выкорчеванный лес. Отстоялись и становятся милыми новые формы. Из-за чего же, спрашивается, из-за чего столь бесславно погиб Михаил, а я дожил? Не я ведь, а он хотел этих форм.

От солнечного ли дня, от музыки ль и чужой бодрости, но утих мой ревматизм. Когда наутро все ушли, я, как назначено, сел за тетрадь. На чем же я остановился в повести о Михаиле? Да, на письме, данном Верой с такой уверенностью в передаче...

Я не передал этого письма. Оно и сейчас со мною.

Письмо это — моя улика, мое сокровище, мой позор и оправдание. Выцветшее от времени, со следами горьких слез, оно пусть пойдет со мной в могилу.

Как же это вышло, что такого важного письма для судьбы Веры и Михаила я не отдал?

Как и всегда в таких случаях, моя злая воля как бы создала и благоприятные к тому обстоятельства. Вернулся я из отпуска в срок, а Михаила все не было. Оказывается, он днем просрочил, в оправдание чему представил медицинское свидетельство, которому, разумеется, никто не доверял, но по форме так водилось.

Я же, к своему удивлению, оказался вдруг настолько больным от всего мною пережитого, что вечером, за всенощной, упал в обморок и, будучи отнесен в лазарет, оказался в нервической лихорадке. Когда меня раздевал служитель, письмо Веры, хранимое на груди, я успел сунуть в ящик больничного столика и впал в трехдневное беспамятство.

Первое дело, когда я очнулся, было проверить, тут ли письмо, и еще сохраннее спрятать его в ящик под разными туалетными мелочами. Через неделю ко мне пустили товарищей, пришедших меня проведать; между ними был и Михаил. Это было — навсегда помню — первое мая. Оставшись один, он спросил: что случилось в Лагутине и есть ли ему письмо? Я молчал, как бы собираясь с силами, а у самого молнией пронеслось в голове: если скажу, что побег не удался, он найдет способ подвигнуть Веру на поступки чрезвычайные, а я сейчас распростерт и бессилен охранить ее. И, притворяясь более больным, нежели был, я сказал ему:

— Я подробнее расскажу все позднее. Особенного ничего не случилось. Вера пока у себя в имении, на днях же тебе вышлет письмо, а со мной не успела; я уехал внезапно по вызову тетки.

Так велико было невнимание Михаила к моей личности, что, приняв меня однажды за готовую схему, он себе не дал труда всмотреться в меня как в живого человека.

57

— Нет письма, — сказал я.

Вот оно — и сейчас тут! Голубоватый конверт, вложенный в большой полотняный, прочнейшего качества. И Михаил, и Вера истлели, даже вещи Михаила, пробывшие, как и он, в заключении двадцать один год, по донесению коменданта пришли в ветхость и по его предписанию были уничтожены сожжением в присутствии двух жандармских офицеров, а письмо это цело.

Не отдав письма, я решил окончательно не говорить всей истины, и, выйдя из лазарета, в единственном разговоре, которым меня Михаил удостоил, я был уклончив, отзывался неведением, пребыванием на охоте.

Между тем был конец мая, день производства в офицеры близился. День этот для каждого юнкера — необычайное торжество и в некотором смысле единственный, неповторимый день в биографии.

Впоследствии для военного многие дни могли быть счастливее и торжественнее, как например, получение за храбрость Георгия; но более разительному психологическому переходу из одного состояния в другое — не повториться.

Производство — это как бы посвящение в рыцари. Вместе с погонами офицера вчерашний юнкер должен был спешно усвоить себе целый курс особой офицерской тактики и знания законов офицерской чести, прав и обязанностей. Этот сложный кодекс был своеобразен и часто прямо противоречил кодексу общечеловеческому.

Этот наш особый уклад был не однажды описан писателями, и я упоминаю о нем лишь потому, что столько лет был он мне как цыпленку скорлупа, охватывающая все, что необходимо для его питания и роста. Но цыпленок, коль скоро он разбил скорлупу, уже на ногах. Я же из разбитых осколков не знаю, куда мне ступить.

На производстве был государь. Он нас поздравлял и целовал фельдфебеля и портупеев. Я обратил внимание на то, что Михаил, смертельно бледный, не сводил горящих взоров с царя. Он был портупей-юнкер. Когда государь слушал рапорт фельдфебеля, он встретился глазами с Михаилом. Я видел: что-то дрогнуло в его лице; он его узнал. Царь повернулся и заговорил с Адлербергом. Я потом узнал от его племянника, моего товарища, что царь спросил: "Кто этот юнкер?" Услыхав фамилию, как бы боясь забыть, он повторил ее дважды: "Бейдеман, Бейдеман". Потом прибавил: "Пренеприятное лицо!"

Михаил вынул носовой платок и, приложив его, как бы

удерживая внезапное кровотечение, вышел. Он не хотел принять поцелуя.

Когда прошли мы в столовую на парадный обед с военной музыкой, не утерпел я и сказал Михаилу:

— Что это ты, при общей радости, как некий Мельмот-скиталец, таящий зловещую тайну?

— Не всегда будет тайной, дай срок; но зловещей кое для кого останется!

И вдруг, приблизившись, он быстро спросил:

— А ты мне правду сказал, было мне письмо от Веры?

И второй раз я постыдно солгал, опуская глаза:

— Да, карандашом были две строчки, даже незапечатанные, но, прости меня, в болезни я его потерял и по слабости не мог признаться. Но я рассказал тебе все, что знал, и, если б захотел, ты бы мог действовать.

— Со связанными руками? — в бешенстве прохрипел он. — Но знай, однако: если письмо не потеряно, а ты мне солгал и от этой лжи пострадает наше с Верой дело, я убью тебя.

— Предлагаю хоть завтра дуэль, — сказал я.

Мы не могли оторваться друг от друга. Михаил опомнился первым.

— Прости! — сказал он. — У меня порой чувство, что ты мне будешь причиной великой беды. А на дуэли драться не стану. Моя жизнь нужна делу.

Я был почти счастлив. Михаил стал меня замечать. Дивно устроена природа всех склонных к художествам! Я понял, что не только Вера, а и сам Михаил мне, пожалуй, не менее дорог.

Осмелев, я спросил:

— Ну, а если затронут твою честь офицера, ты и тогда не пойдешь на дуэль?

Он сказал задумчиво:

— Моя честь — честь человека, а не офицера.

— Тогда ты не сможешь и месяц прожить в полку!

— А кто тебе сказал, что я там собираюсь жить?

Под вечер из залы собрания, где предполагалось изрядное вспрыскивание производства, я был вызван вестовым, который сообщил мне, что меня дожидается пришедший с письмом нижний чин, никому не известный. Я вышел в переднюю, и немалым было мое изумление: передо мною стоял Петр, муж красивой Марфы. Хотя смотрел он очень бодро и вытянул руки по швам со столичной выправкой, в моем воображении встало лицо его, тогда на конюшне, мертвенно бледное, и ужасная спина: вся иссеченная, сине-багровая. И потому невольно первое, что я спросил его, было:

— Ну, как же ты, поправился?

— Да, с недельку валялся, вашбродь, а потом лоб забрили и сюда, в гвардию. От барышни нашей два письма — к вам и поручику Бейдеманову.

Михаил был у дверей: услыхав свою фамилию, он подошел, взглянул на Петра, вмиг узнал его, вспыхнул, потом побледнел, молча протянул руку за письмом Веры.

— Когда поручик Русанин тебя отпустит, найди меня в библиотеке, — и он спешно ушел.

Петр рассказал мне, что Вера вышла замуж за князя Нельского. Марфа, которую Вера выпросила у отца себе в дар в счет приданого, тоже прислала весточку, где говорит, что молодые собираются за границу, куда хотят взять и ее.

Я не верил ушам, переспрашивал много раз, но Петр подробнее не мог рассказать. Его скоро отправили в полк. Впрочем, он утверждал, что Вера спокойна.

С князем, который женихом приезжал очень часто, охотно и подолгу они все о чем-то говорили, гуляя по темным аллеям сада.

В письме Вера прежде всего настойчиво просила меня взять Петра в денщики. Потом она кратко упоминала о том, что вышла за князя Нельского потому, что он оказался ей неоценимым другом. Скоро они действительно едут за границу, через Петербург, где Вера надеется меня видеть. Затем следовали ласковые слова, от которых я давно отвык, с повторением просьбы о Петре. Я обещал ему немедленно начать хлопоты и провел его в библиотеку к Михаилу. Скоро из дверей они вышли оба, причем у Михаила был такой ликующий вид, будто вовсе не князь Нельский, а сам он женился на Вере.

— Прощай, Русанин! — сказал он мне. — Я на попойке не буду, у меня времени в обрез. Сегодня же я должен ехать в Лесной, меня матушка не дождется. А тебе на прощанье два слова...

Он вспыхнул и остро мне глянул в глаза.

— Ты мне солгал, от Веры письмо ко мне было. И далеко не в две строчки. Но хорошо то, что хорошо кончается. А сейчас для нашего общего дела вышло так, как лучше нельзя и придумать.

— Для дела... — начал я и запнулся, не докончив мысли, что сама, значит, Вера ни на что ему не нужна. Впрочем, я был этим счастлив. Этот фанатик, очевидно, любил только мгновением: не сам ли он признавался Вере, что женщине не принадлежит в его жизни решающая роль? Не сам ли он

60

намекал на трагический случай, что любимую чуть не убил, едва она взяла над ним власть? Впрочем, может быть, он рисовался и сочинял... Однако я тогда же спохватился, что на лгуна он совсем не похож, а изумительная соподчиненность наших двух судеб заставила меня своим опытом проверить и это его приключение. Но об этом много поздней...

Михаил своей легкой, стремительной походкой пошел к воротам по длинному плацу, облитому заходящим солнцем, пожаром зажигавшим все стекла кирпичных строений. Михаил шел в таком пламенном освещении, что дежурный, уже сильно подвыпивший, глянув в окно, крикнул вдруг: "Пожар, братцы!" — на что ему, не оборачиваясь, ответили: "Знай себе, заливай глотку!" — и хором грянули застольную.

А мне стало вдруг как-то особенно тяжко глядеть вслед высокой фигуре Михаила, сиротливо убегавшей вдаль среди нестерпимо сверкавших окон, в кровавом свете заката, что я, повинуясь вдруг неодолимому желанию остеречь его от чего-то, схватил фуражку и кинулся ему вслед...

Догнав Михаила, я сказал:

— Позволь, я провожу тебя до почтовой кареты, мне приятно пройтись.

— Что же, проводи, — отозвался он дружески. Мы двигались молча. Так вдруг стало радостно, как было у нас в дни первых встреч и как давно уже не было. Мы дошли до Полицейского моста, где Михаилу надо было что-то купить. В это время поравнялся с нами шедший нам навстречу некто штатский средних лет, в бороде, не слишком хорошо одетый. Он был мне знаком, но сразу я не мог припомнить, где мог его видеть.

Пристально вглядываясь в Михаила, штатский сказал:

— Здравствуйте! Что же вы не зашли? А я ждал, что зайдете...

Это был Достоевский.

Меня он было совсем не заметил, но, спохватившись на мой поклон, с преувеличенной любезностью сказал:

— Вы, кажется, тогда вечером были также в салоне графини?

— Графиня Кушина — моя родная тетка, — глупо ответил я, чем-то словно задетый.

Михаил был, видимо, взволнован этой встречей и молчал.

— Господа, — сказал Достоевский, — зайдемте сейчас ко мне, не откладывая в долгий ящик, благо тут рукой подать.

У Михаила до отхода почтовой кареты в Лесной было еще много времени, а мне предстояла попойка всю ночь и начать ее часом раньше или позднее было мне безразлично. И мы оба пошли за Достоевским.

Когда мне впоследствии приходилось читать характеристику этого писателя и воспоминания о нем как о человеке, я был поражен той обыкновенностью, той бедностью наблюдения, какой отличаются люди. Они ловятся на маску, которую носит каждый мыслящий человек для удобства общения с себе подобными. Эту маску они принимают за лицо.

Мне пришлось вырасти в кругу, где видимость обманчива исключительно, где грубейшие по характеру люди и совершенные невежды в искусствах и науке обучались вести многочасовую салонную causerie[11], умело касаясь всего, и заставляли предполагать не сказанным еще большее, между тем как сказанное ими было не более как та искусная театральная декорация с далекой перспективой, которая на самом-то деле заключается в небольшом куске картона и хитром расчете.

От этого опыта у меня выработалось совершенное пренебрежение, при серьезной оценке человека, к последней его работе, сделанной напоказ.

Должен сознаться, что из сочинений Достоевского я к тому времени не прочел ничего, и тем свежее и непринудительнее, как сейчас могу понять, было мое о нем впечатление. И всю жизнь мне чрезвычайно смешно, когда какой-нибудь недоношенный неврастеник со слезливыми чувствами воображает себя "под Достоевского".

Совсем обратными свойствами поразил меня этот писатель, когда я внимательно к нему присмотрелся.

У него в высшей степени было то качество, каким обладают очень немногие светские женщины, порой далеко не красавицы, но в них есть нечто большее, чем красота. В них очарование, бесспорно решающее чужую судьбу.

После знакомства с ними все впечатления, получаемые вне их сферы воздействия, бедны и бледны. Их присутствие подымает, множит все силы, как шампанское бьет в голову, обогащает.

Тайну подобного обаяния ученые люди, вероятно, когда-нибудь вскроют, как присутствие в ином организме усиленных токов жизни.

Воздействие Достоевского от присутствия в нем этого сгущенного эликсира жизни было так стремительно и

---

[11] беседу (фр.)

беззаконно, как свет прожектора, вдруг вспыхнувший и сразу же охвативший своими лучами предмет.

Быть может, люди не художнического склада, а сильные волей и мыслью, нечувствительны к подобным воздействиям; но я шел за Достоевским в величайшем волнении, похожем на ту утрату внешних чувств, которая охватывала меня, к примеру сказать, в императорском Эрмитаже перед иной из любимых картин.

Глянув на Михаила, я заметил, что взволнован и он, но по-иному. Его мужественное лицо как-то сделалось жестче, он весь подобрался, поправил лядунку, передернул плечами, как перед смотром, и стал ступать круче, отчеканивая каждый шаг.

— А ведь вы уже офицеры, — улыбнулся Достоевский, — а тогда были еще юнкера. Полагается вспрыснуть. У меня, кстати, недурное вино. Угощу вас им в замечательной комнате. Я здесь временно у приятеля, который сам за границей, пока в моей квартире ремонт.

Мы поднялись в четвертый этаж. По каким-то темным и мало хорошего обещающим переходам подошли мы к ободранной двери. Достоевский пошел рядом в чулан, за бечевку вытащил, как рыбу, дверную ручку, вставил ее в отверстие двери, поворотил. Мы оказались в темной передней, заваленной подрамниками и дровами. При нашем появлении пискнули и прошли в угол две крысы.

Достоевский толкнул дверь, и мы вошли в удивительную комнату. Она была огромная и совершенно круглая. По внешней стороне, дугой огибающей проспект и канал с желто-зеленой водой, шли три больших окна. На одном, широко открытом, весь подоконник был в цветах благоухающего душистого горошка, как сейчас помню, одних лиловатых колеров. Этот первый план прекрасно совпадал с бесконечной перспективой на город. За нежными лиловыми цветами, как призрачное, возникало одно из чудес Растрелли — красный графский дворец. На фронтоне — две лисицы, взметенные на дыбы. В переменчивой игре заката они казались ожившими. Конечно, я знал и названия пересекающихся улиц, и дома, но отсюда, с четвертого этажа, когда все окно охвачено пурпурно-золотым небом заката и все здания зыбки, я в этом городе чую острей гений строителей, и Петербург предстает мне нередко Италией.

Большой чаровник — час заката! Так однажды в Париже от Булонского леса я взволновался, как от овражков нашей скромной Смоленской губернии. Быть может, тоска эмигрантов по родине, во множестве там бродивших, мне навеяла это чувство.

Как бы отгадывая мои мысли, Достоевский нам указал на первые огоньки, задрожавшие в темных волнах канала, на длинную лодку под мостом и сказал:

— Ну, чем не Венеция! Впрочем, и действительность мечте не уступит. Лодку эту, полную глиняной самодельной посуды, привели из Череповца гончары. Уже раскупили. А вчера, под нежданно ярким солнцем, и наши горшки заиграли не хуже мозаики святого Марка... Однако присядемте, господа, и вспрыснем ваше новое звание.

Мы отошли от окна и сели на один из длиннейших диванов, которые шли по окружности вдоль стен, совпадая с их выгнутой линией. Диваны перемежались с книжными шкафами. Посреди не было ничего. Матовый паркет, давно не натертый, но чистый, будто для сказочной игры, причудливо разбросал свои прекрасно сбитые ромбы. Под потолком висела люстра, тоже круглая, византийского стиля, с цветными лампадами вместо свечей. Достоевский налил нам в рюмки отменной марсалы.

— Я, знаете, просто по-детски рад, что у меня хоть временно эта фантастическая комната, — начал было он, но Михаил вдруг, особенно волнуясь, его перебил:

— Мне помнится, в первой главе "Униженных и оскорбленных" вы говорите, что хотите себе квартиру особенную, не от жильцов, и хоть одну комнату, но непременно большую... Еще замечаете вы, что в тесной комнате и мыслям тесно, а вы любите, когда обдумываете свои повести, ходить взад и вперед по комнате...

— Откуда вы знаете? Романа еще нет в печати...

— Наш профессор Селин хранил как-то ваши рукописи, я его секретарь, он давал мне прочесть.

— Как же, Селин, свойственник Герцена, очень, очень помню его... Но, однако же, вы произнесли слово в слово. Неужто так пристально читали меня? — удивился Достоевский.

— Мы, русские, иначе не умеем... все с головой.

Я слышал, художник Иванов показался Штраусу сумасшедшим оттого, что его "Жизнь Иисуса" выучил от доски до доски и приставать вздумал к автору с такими вещами, о которых тот уж и думать забыл.

— Последнее вы предполагаете сделать со мной? — улыбнулся Достоевский.

— Вы угадали, — не улыбаясь ответно, сказал Михаил. Он стал очень серьезен. — Да, я именно пристально вас читал. И,

64

мучась некоторыми мыслями относительно вас, я у вас же набрел на разгадку, на некое одно "кстати"...

— Любопытно, очень любопытно...

— Вы говорите, между прочим, следующее: "Кстати, мне всегда приятней было обдумывать мои сочинения и мечтать, как они у меня напишутся, чем в самом деле писать их". И спрашиваете тут же: отчего это?

— Ну-с, и вы мне хотите сказать, отчего?

— Увольте... Уж это пускай вам говорит ваша совесть...

Я с удивлением взглянул на Михаила. Он сказал фразу почти грубо и совершенно, по-моему, неуместно. Что же в том плохого, если кто мечту предпочитает словесному выражению? На мой взгляд, это даже поэтично, ибо мечта — бескорыстней всего.

Но Достоевский не удивился. Он склонил голову и внимательно, будто собираясь чему-то учиться, как бы с особым уважением слушал Михаила.

Насколько Достоевский поразил меня в салоне тетушки своей угловатостью, настолько сейчас я пленен был его внутренней обаятельной деликатностью, с которой пытался он как бы расправить судорожность волнения Михаила, которое, казалось, он до тонкости понимал.

— Отчего вы ко мне не пришли до сих пор? Ведь это же не случайность? Ведь вы не хотели прийти ко мне?

Достоевский так говорил, будто одну за другой снимал ненужные перегородки и входил в человека так же просто, как входят в сад, отворяя калитку.

— Конечно, вы мне не чужой, — не подымая глаз, сказал Михаил, — но для моего дела... для моего дела... вы самый жестокий, самый вредный человек.

Михаил выговаривал твердо. Он весь насторожился, как некто на бойнице, окруженный врагами, но не готовый к сдаче.

Волнение его, хотя, совершенно мне непонятное, как, впрочем, и весь разговор, передалось и мне.

— Так я и думал про вас, — как бы одобрил Достоевский.

— "Записки из мертвого дома" все завершили, они окончательно оттолкнули меня от вас. Конечно, человек себе сам судья, и — как я уже вам сказал — ваша совесть пусть и знает... Но вот аналогия: насколько, по собственному вашему признанию, вам приятней мечтать, чем писать, иными словами — приятнее оставлять при себе, нежели закреплять для других, другим отдавать свое внутреннее богатство, настолько же... Ну, словом, и с живой жизнью у вас тот же сделан выбор...

И, вдруг вспыхнув, Михаил отрезал с невыразимой горечью:

— Подешевле вы обернулись! И это с тем, что вы знаете, с тем, что вы видели!

Михаил встал и, не в силах говорить, отошел к окну. Я, смущенный, смотрел на Достоевского. И вот не забыть мне лица его в ту минуту. Сквозь большую, какую-то могучую древнюю скорбь, которая не оставляла лица его и при веселой улыбке, ему свойственной, вдруг проступила такая сияющая, такая любовная радость.

Достоевский подошел к Михаилу, а я остался сидеть на диване, прикованный взорами к их почти силуэтным фигурам на все еще розовом фоне окна.

Михаил был в том своем аффекте, когда, сжигаемый диким огнем, он уже не видел перед собой никого. Как стреле, пущенной из сильного лука, ему уже было только вонзиться, а не свернуть с полета...

— Когда вы выходили из каторжного острога, — уже не сдерживаемый загремел его глухой и глубокий голос, — когда вы прощались с почернелыми бревенчатыми срубами казарм, где вы с такой мукой отсчитывали по палям забора дни заключения, да неужто только гением вашего художественного дара запомнили вы то, что оставляете там за собой, выходя на свободу? Я наизусть выучил этот кусок, вот он: "Сколько в этих стенах погребено напрасно молодости, сколько великих сил погибло здесь даром! Ведь надо уже все сказать: этот народ — необыкновенный был народ. Ведь это, может быть, и есть самый даровитый, самый сильный народ из всего народа нашего. Но погибли даром могучие силы, погибли ненормально, незаконно, безвозвратно. А кто виноват?" И вы же, вы сами, еще раз с новой строки, для внимания читателя, еще переспрашиваете: "То-то, кто виноват?"

— Что же мне, по-вашему, надо было сделать? — очень тихо и бережно спросил Достоевский.

— Я знаю только, что надо делать нам.

— Кому это... нам?

— Нам, молодым! Молодые гибнут, не сходя с того места, где они увидели насилие. Им не передать устно свой опыт, им истратиться. Им лечь костьми! Когда были мученики за Христа, небось во вселенских соборах нужды не было... Против зла и насилия жизни был, есть и будет выбор один добровольная смерть за свободу. Посудите: зачем же было мне к вал приходить? Вы ищете примирения, вы ищете выхода. А нашему делу нужны непреклонность и смерть. Прощайте...

Михаил пошел к двери, Достоевский взял его за руку.

— Постойте, я вам посвечу, в коридоре темно...

С разбитыми чувствами и ничего не понимающий, я безмолвно пошел вслед за Михаилом. Достоевский шел впереди со свечой. Свеча эта бросала дрожащий свет на ближайшие части стен и бессильна была разогнать ночные тени, сгущенные в многочисленных нишах, закоулках и пересечениях главного коридора. И как недавно Петербург из окна странной круглой комнаты мне вдруг почудился Италией, так сейчас эти чуть освещенные лестницы и переходы странного дома возродили во мне память о катакомбах, первых мучениках и гонителях.

Сейчас, когда передо мной лежат все события в их окончательном завершении, вижу ясно, сколь верное показание дали мне в тот вечер мои смущенные чувства. Поистине, как старший брат, давно принявший свой крест, светил "по пути узкому" Достоевский своему брату младшему — Михаилу.

А та круглая, необыкновенная комната, по справкам, мной о ней наведенным, от приятеля Достоевского очень скоро перешла в руки к некоей мадам Флоранс. Этой даме служила она вплоть до революции общей залой для девиц и гостей ее легкомысленного, но доходного заведения.

67

Глава седьмая

Липы в цвету

Разумеется, согласно письму Веры, о Петре я стал хлопотать немедленно и успешно. Мне удалось перевести его в нашу часть и взять к себе в денщики. Относительно прочих событий я был в решительном недоумении.

Радость Михаила по поводу брака Веры с князем обличала, что брак этот вышел какой-то ненастоящий: Подчеркивание Веры, что князь оказался неоценимым другом, указывало на какую-то особенность их отношений. Но поездка за границу? В том, что любовь Веры к Михаилу не прошла, я не сомневался нимало; как же с этим вязался ее отъезд? Ведь Михаил не мог ей сопутствовать. Как офицер, он по крайней мере года на три был прикован к месту своей службы.

Скоро все объяснилось. Михаил Бейдеман исчез. Напрасно ждали его в драгунский Орденский полк, к сроку он не явился. Старушка мать его, которую он уверил, что на короткое время едет в Финляндию, не имея о нем никаких известий, обратилась с просьбой о розыске своего сына к главному начальнику военно-учебных заведений, великому князю Михаилу Николаевичу.

Жестокий, как все фанатики, Бейдеман не думал ни о ком из людей, с ним связанных. Он не пожелал войти и в положение своей бедной матушки. Иначе как могло не прийти ему в голову то, что пришло бы всякому на его месте? Ведь детская ложь его при разлуке с ней, как потом оказалось — навеки, должна была обнаружиться уже через несколько дней и повергнуть ее в худшее из беспокойств. В его воле было это лишнее страданье от нее отклонить; его мать была особенная, мужественная женщина. Но он просто о ней не подумал, а сделал так, как ему было в данную минуту удобней.

А к Вере Михаил не поехал, чтобы не навлечь на нее подозрений и не помешать ее свободному выезду за границу, где она должна была съехаться с ним в Италии. О переходе Михаила через границу губернатор города Куопио сделал донесение финляндскому генерал-губернатору, чему имеются документы. Восстановляю события по ним.

Михаил поздно вечером остановился в одной гостинице, где переменился с буфетчиком платьем, дав объяснение, что это нужно ему для того, чтобы наутро пойти на охоту. Но, уйдя утром, Михаил не вернулся совсем в гостиницу, а прошел пешком из Улеаборга в Торнео. Больше властям в то время ничего не было известно.

Я всей душой рвался повидать Веру и собирался просить краткий отпуск по делам своего Угорья, как вдруг от нее самой пришла мне эстафета с мольбой ехать немедленно, по особо важному случаю. Я приказал Петру укладываться. В это время мне доложили, что меня спрашивает пожилая дама. Это была мать Михаила.

Никогда не забуду я этой старушки. Михаил был ее последним, поздним сыном. Несколько с виду чопорная, немецкой складки, она, в черном платье и белоснежных рукавчиках, поражала столь редким в женщинах отсутствием всякой суеты. Казалось, вся жизнь ее протекала в большой внутренней глубине, и наружу вырывались только те немногие слова и движения, которые были необходимы, чтобы общаться с другими. При этом невыразимая доброта сияла в ее прекрасных, еще ярко-синих глазах. Это не было то ни к чему не обязывающее и неверное светское добродушие, — это была доброта настоящая, приходящая делом на помощь. Потому, вероятно, что-то строгое и наблюдающее было в ее манере слушать и смотреть.

Я сразу понял, что такой матери Михаил мог бы довериться. И еще понял я, глядя на нее, как мог у него самого сложиться такой страстный, глубокий характер, устремленный, как стрела, к одной цели.

Мать Бейдемана без всяких подходов и намеков изложила мне цель своего посещения:

— Я пришла просить вас съездить к Вере Эрастовне: предполагаю, что она больше всех знает о моем исчезнувшем сыне.

Я показал ей на мои чемоданы и дал Верину эстафету.

— Не замедлите же ко мне по приезде, я так буду ждать вас!

Я, разумеется, обещал и поцеловал руку ее с истинным чувством сына.

Как волновался я, садясь в высланный мне экипаж, чтобы ехать в усадьбу князя Нельского! Я рад был, что у меня в запасе целых четыре часа времени, чтобы собраться с мыслями. Впрочем, на душе у меня было легко. Я себя уверил, что случай так повернул мои оба поступка, что стали они Вере и Михаилу лишь "счастливым обстоятельством". Из-за переданного мною "Колокола" — столь опасной угрозы в руках отца — Вера пошла на какой-то условный брак с князем, не лишившим, по-видимому, ее свободы действий и чувства. А тем, что я утаил ее письмо, я только удержал Михаила от безумства. Сейчас они разлучены, и сама судьба заставит их проверить, точно ли им необходимо соединиться.

Тронутый скорбью прекрасной женщины, матери Бейдемана, и польщенный эстафетой Веры с немедленным вызовом приехать, я настроился на романтическое великодушие. К князю же я не ревновал.

Дорога шла полями вперемежку с березовыми рощами. Среди столетних могучих лип, от которых ветер принес медовое благоухание, вдруг вылепился своей белою колоннадой великолепный дом Лагутина.

Навещать старика у меня не было охоты, и я еще с почтовой станции приказал подвязать колокольчик, дабы унять его непрошеную ябеду и — как следствие — неизбежное дознание Мосеича о том, кто именно проехал, не засвидетельствовав своего почтения Эрасту Петровичу.

В полуверсте от дома я обратил внимание на черные балки и уцелевшие стропила, печальные останки сгоревшего гумна.

— Что это, пожар был? — спросил я ямщика.

— Свои подожгли, — отозвался он, — лагутинские мужики за барскую издевку над бабами.

И по просьбе моей он рассказал следующее.

Как вводили у нас уставную грамоту, как пошли землемер да мировой посредник кружок обходить, мужики и кричат: "Не принимаем!" В тягле-то было семь-восемь десятин, а надел у нас в Красненском уезде вышел всего десятины в четыре: как не обидно! Недаром княжецкие лагутинских мужиков вышучивали: "Бык у вас и мордой чужое ест и навоз на хозяйское стелет".

Вот начальство пришло, созвали сход и пошли нарезать. Честь честью промежили, землемер проверил вехи, а как развел астролябию — откуда ни возьмись брюхатая баба: легла на межу брюхом вверх, не дает углы мерить! Истошным воем воет. И горе с этой бабой и смех. Пуще всех лагутинский барин хохочет, карле своему подмигнул, у всех на глазах о чем-то шептались.

Ну ладно, увели в тот раз бабу, отмерили землю. Указал землемер прочим, когда их черед.

А в следующий раз-то такое дело случилось! Да, не пройдет оно лагутинскому барину, забудет он себе потеху из мужицкого горя строить...

Мужик злобно умолк, но я поднес ему из дорожной бутылочки, и он продолжал:

— Пошел проклятый Мосеич от имени барина будто с

70

добрым советом: пусть, дескать, все тяжелые бабы, сколько их есть, отовсюду сберутся да цепь протянуть не дадут. Брюхом вверх, как та, первая, пущай лягут, да беспременно чтоб голые... у той, вишь, толку не вышло, за то, что в одежде, кто же ее щупал? Может, чем и набилась. Ну, а брюхатых закон уважит. Ежели все гуськом лягут, — не пороть же их! Обязательно уважение сделают, и спасут бабы надел. И что скажете? Ведь поверили бабы. Которые мужики поумней, учить стали — так их чуть не в колья деревня. Чем ей темней, тем ей верней.

В назначенный день вышло начальство: глядь — сплошные брюхатые бабы, да — как нарочно — такая их прорва! Хохочет помещик, на гумно их зовет, поит для храбрости водкой.

Как изрядно охмелели, велел, чтоб разделись, да, как мать родила, к землемеру. А тут два человека уж цепь тянут; сами знаете, десять сажен цепь: воруй не воруй мужик колышки; землемер да начальники свое выберут.

Тянут цепь, а брюхатые бабы все, как одна, наземь хлоп — и завыли.

Ну, пороть их не пороли, однако жандармский полковник приказал всех, как были, в холодную. От давки, от драки, от перепуга две по ребеночку сбросили, одна в уме повредилась, а одна себя жизни лишила. Ведь им потом на деревне проходу не стало, засмеяли, что пороты, а эта — крутая, стерпеть не могла.

Ну, сейчас лагутинский барин держись! Мужик этой бабы не кто-либо, а Потап кривой, ему черт не брат, гляди — всех подымет!

— Ну, а княжеские мужики как, довольны?

— Про князя грех сказать, всяк похвалит, а как женился на лагутинской барышне, ровно отец родной стал. Всех своих он на волю отпустил, а кто не хотел от него уходить, тому такой нарез дал — сиди да панствуй.

Мне хотелось подробней узнать про Веру, но показались строения и службы, а за ними предстал и сам длинный княжеский дом. Он не похож был на дворец соседа, так как выстроен был крепостным архитектором для удобной, но непритязательной жизни.

На балконе, увитом жасмином и вьюнками, стояла сама Вера в белом кисейном платье. Мне показалось, будто она стала еще выше и красивей.

— Милый Сержик, я так вам рада! — сказала Вора. — И Глеб Федорович ждал вас. — Она указала на князя.

С князем мы расцеловались. Он, взяв меня под руку, провел в приготовленную мне комнату.

— Совершите ваш туалет, и потом милости просим рядом, в летнюю столовую.

О князе надо сказать особо два слова...

Конечно, вполне основательно утверждение, особенно настойчивое в современном взгляде на вещи, что каждый из нас — продукт той среды и действительной жизни, в которых он рожден и живет. Но позволю себе отметить, что иной человек, даже деятель, может существо свое не выражать вовсе или выразить превратно. Я знавал в юношестве людей, ныне давно отошедших, которые лет на пятьдесят опережали свой век, а посему в свое время годились на исполнения должностей лишь случайных и нимало для них не характерных. Так, собственный мой отец, человек большого философского ума, ненавидевший войну и весь ему современный государственный строй, всю жизнь принужден был отличаться на посту военного генерала. Также и дядюшка Юрий, страстный археолог, известный в Европе раскопками, занесен в историю завоевателем восточных земель благодаря одному блестящему военному действию, которое совершил он, по собственному признанию, не как военный, а как прирожденный азартнейший шахматист.

Князь Глеб Федорович принадлежал к таким людям. Внутреннее его содержание не соответствовало ни его званию, ни положению в свете. При тончайшей европейской образованности, он был из типа тех русских людей, которым ничего от жизни не надо. Сами же они, принимающие правой рукой подаяние, а левой его отдающие, легко и любовно идут по земле. В простонародье чаще всего такие люди в буквальном смысле странники; не ханжи-дармоеды, а те мудрые простецы, которых подсмотрели писатели наши Толстой и Тургенев.

Князь Глеб Федорович, если бы не тетушки и не бабушки — норовистые старухи, давно бы роздал все имения и с сумой пошел по лесам.

Большой ум, суждения совершенно свободные, без пристрастия, давали беседе его очарование неизъяснимое и убедительность совершенного бескорыстия.

Встретясь с Верой, он сразу угадал ее гордую независимость и, как потом оказалось, уж давно предлагал ей выйти за него замуж для снискания полнейшей свободы действия при значительных средствах.

При воспитанности и брезгливом нежелании "дразнить гусей", князь сумел сохранить всю видимость, светского человека, не вызывая в свете ни особой к себе близости, ни раздражения. Но, женившись на Вере и встретив горячую действенную волю проводить сейчас в жизнь свои чувства, он с головой ушел в земельную реформу, чем вызвал ненависть своего тестя Лагутина.

Князь и Вера по своему усмотрению, к благополучию крестьян, в ущерб себе, принялись исправлять "Положение" и с родительской заботой создавали каждому тяглу наилучшие условия. Старик Лагутин перестал вовсе к ним ездить. В этот момент взаимного расхождения и, в частности, по его поводу я и был ими вызван.

На террасе, обвитой ярко-алыми турецкими бобами и вьюнками, кипел сверкающий самовар и дразнила аппетит румяная и сдобная снедь. Вера, отпустив девушек, хозяйничала сама.

Этот утренний свежий час среди двух лучших в мире людей, из которых один, — моя единственная в жизни любовь, запомнился мне совершенной, нездешней красотой.

Пусть читатель простит мне сентименты. Этот час был как яблонный майский цвет, невзначай пропущенный жестокими Парками в кровавую ткань наших трех жизней. Без этого часа у меня бы сейчас не было примирения со всем, что, как это видно из дальнейшего, не замедлило разразиться над нами.

Итак, два слова об этом утреннем часе. Почему же он так выделен мною и запомнился как счастливейший? И что вообще каждый из нас перед смертью может вспомнить как счастье? Не правда ли, это будет лишь то состояние, когда хоть на миг, а тебе удалось, разбив оковы собственной маленькой личности, как из душной канавы вдруг выплыть в большое, под солнцем горячее море...

Бесчисленны в этом море струи. И чем ты мудрей, тем короче и чище твой путь. Однако, не осуждая, поверь, что и грязный подземный сток приводит туда же. Важно одно: хотя однажды, хотя на миг попасть в безбрежное море, над собой увидеть безбрежное небо. И где бы и в чем бы оно ни случилось, нет силы заставить тебя позабыть, что ты видел.

Я этот заветный мой час испытал в то утро, за незатейливым деревенским чаем.

Терраса была пронизана солнцем так сильно, что зеленые нежные листья дикого винограда изумрудами прикрывали яркие, будто чистая алая краска, цветы. Жужжали пчелы, неся к себе мед с отяжелевших хмельных старых лип, и текла внизу тихая синяя река.

Князь Глеб Федорович, склонившись ко мне лицом с особливо тонкою белою кожей, придававшей ему вид

73

молодого, так и сиял большими добрыми глазами, объясняя мой вызов в связи с общим делом.

— У нас, видите ли, оказался естественный триумвират, — говорил он, отечески улыбаясь на Веру. — Я представляю собою казну и жизненный опыт, Михаил — яростную волю, Вера Эрастовна — умное сердце, по прекрасному слову поэта. Эти три фактора неизбежны, чтобы воплотить и провести в действие новые, лучшие формы жизни. Да что говорить по-журнальному: мы хотим попросту создать мужикам, перед которыми грешили столетиями, возможность свободной человеческой жизни...

Тут Вера взяла меня за руку и сказала с сестринской лаской:

— А вы, Сержик, избраны нами посредником между старым миром и новым. Для начала поезжайте-ка к батюшке в гости и убедите его отписать хутор и хоть пятьсот десятин Линученку в собственность. Он все еще дарственной не дал, а это крайне важно для нашего дела, чтоб Линученко был хозяином на своей земле и такой низкий человек, как управляющий Мосеич, не имел бы над ним своей воли.

— Какое же Линученко имеет отношение к вашему делу и в чем самое это дело? — спросил я.

— Я подробно вам рассказать не могу, это могло бы вас только смутить. Но у вас сердце, способное чуять прекрасное, доверьтесь только ему. Мы трое: князь Глеб Федорович, Михаил и я, хотим нашей рабской родине свободы, и за это дело мы готовы на смерть.

Вера встала. Воздушная от своих белых кисейных одежд, она быстрой походкой прошлась раза два по террасе и стала передо мной. Ветерок развевал ее мелкие кудри, выбившиеся из-под ровных светлых кос, положенных, как обычно, вокруг головы.

Глядя такими же сияющими, как у князя, властными серыми глазами мне в самую глубину души, Вера взяла мои обе руки в свои, и, как говорят слова любви, она еще раз сказала:

— Мы готовы на смерть. Но у вас, Серж, своя жизнь, свои цели. От вас мы только просим доверия. Помогите нам выполнить наше дело, ни в какую опасность мы насильно вас не вовлечем...

— Вера, я рад за вас отдать жизнь... — сказал я.

— Но мне от вас нужно больше, чем это, — сказала Вера торжественно и серьезно. Она села со мной рядом, не выпуская моих рук из своих. — Мне надо, чтобы вы, помимо самого себя, помогли вовсе не мне, а, по доверию ко мне, одному нашему делу.

Я понял ее. Да, она просила большего, чем жизнь, Я должен был, ненавидя их политические идеи, помогать им по чувству к ней, не допускавшему и мысли, что такая, как она, избрать может злое. Читатель, я понял темный текст: "Несть больше любви, аще кто положит душу..." Обычно понимают здесь добровольную смерть за что-либо. Но сказано ясно: не жизнь, а душу.

И сколько коварства в том, что для достижения полной свободы от себя самого является предательство себя же!

Но Вера смотрела в глубину моих мыслей, и побелевшие губы ее еще раз, как вздох любви, прошептали:

— Мы, Серж, обреченные...

Я не выдержал и повлекся за ней, в ее сверкающее море без берегов, с синеющим небом без края. Я сказал:

— Жизнь моя в помощь вам!

Поцеловала меня Вера, поцеловал меня князь Глеб Федорович.

Затем за чашкой душистого чая, обвеянные медовым запахом липы, мы повели деловые разговоры. Михаила здесь не было, после производства этого требовала осторожность. Сейчас, устроившись с крестьянами и добившись укрепления за Линученком хутора, они оба, Вера и князь, едут за границу, где в Италии встретятся с Михаилом. Хутор Линученка будет русским центром кружка. Сюда же приходить будут письма Веры ко мне. Подробности обещали мне рассказать вечером, а сейчас торопили ехать в Лагутино, пока старику не донесли, что я проехал мимо него, и он от этого не пришел в раздражение.

Предстояло мне пробудить в Эрасте Петровиче родственную жалость к Линученку, который привез из Крыма все еще больную жену. Он хотел бы немедленно отвезти ее на хутор, но больше, чем когда-либо, тяготился зависимым положением и не хотел подчиняться Мосеичу. Настаивать надо было на дарственной.

Ни одной сопротивляющейся мысли уже не было в моей голове. Со всей страстью своих двадцати лет я был охвачен романтическим пылом юного Вертера отдать рыцарски свою жизнь, и в тот миг даже не только за Веру, а за князя, и за Михаила, и за оскорбленных всего мира...

Но эта идиллия, хотя мне ее и хватило, чтобы помнить всю жизнь, продолжалась не долее часу.

Вдруг к крыльцу подъехал на взмыленной лошади

нарочный и, не слезая, крикнул, что взбунтовавшиеся мужики собрались поджечь лагутинский дом.

— Где мой отец? — спросила Вера.

— Барин вырвался и на жеребце ускакал к мельнице. Если там нет засады — уйдет. А Карлу Мосеича со старостой заперли в кладовой, где порох для фейерверков; как подожгут — крышка!

— Седлать вороного! — приказал князь.

Я попросил дать лошадь и мне, а Вера настояла запрячь шарабан, куда она села вместе с Марфой, Мы с князем решили взять разные пути: я на мельницу, он к усадьбе, куда приедет Вера.

О, сколь превратны и непрочны дни нашей жизни!

Бывало, в Неаполе, взбираясь верхом на Везувий, как бы усеянный лиловыми осколками разбитых аспидных досок, сколько раз я дивился детской беспечности поселян, чуть не на кратере насадивших свои виноградники. Больших извержений не ждут, а в случае беды надеются, — как надеялись и те, древние, — поспеть убежать.

Но куда убежать человеку, если, как сказано у Будды, ты рвешь цветок, а князь Мара, злой, уже спрятал ядовитую змею под цветком?

Давно ль мы сидели на террасе все трое? И вот уже я на вспененном коне лечу к мельнице, чтобы предупредить преступление. Увы, я опоздал!

Пьяная орава с топорами и с длинными заостренными кольями тесно охраняла двух рыжих парней, чинивших расправу. Парни подымали какую-то громаду без рук и без ног высоко над головами.

Это было перед самой мельницей, пущенной во весь ход. Вода в этом месте отменно глубока, и желтая пена бьет там и крутится, словно кипит. Не успев хорошенько разглядеть, я издали угадал, что громада без рук и без ног — связанный старый Лагутин и что сейчас его бросят под мельницу. Я выстрелил в воздух, желая остановить самосуд, и круче пришпорил коня. Но конь мой внезапно шарахнулся, захрапев: на дороге лежало мертвое тело. Я вылетел из седла и, ударившись головой, потерял сознание.

Впоследствии я узнал, что труп, испугавший мою лошадь, был лагутинский мужик Потап, застреленный Эрастом Петровичем. Потап вызвал припадок бешенства у старика своей гневной речью в защиту обиженных баб. Когда он грозил отомстить за смерть жены, Лагутин уложил его выстрелом.

Это толкнуло крестьян ко всему происшедшему, Лагутина

тут же связали вожжами, и, пока я был от падения в беспамятстве, они его бросили под мельницу в реку.

Меня же обезоружили и заперли в амбар. Всю ночь пролежал я там в смертном ужасе за Веру. Экзекуционный отряд казаков, вызванный еще накануне из города покойным Лагутиным, узнавшим от Мосеича, что крестьяне затеяли бунт, освободил меня только утром. От казаков я узнал, что князь Глеб Федорович погиб на пожаре, пытаясь спасти старую няню Архиповну, со страху забившуюся в свою клеть. От Мосеича и старосты, погребенных под обломками крыши, не нашли и костей. Вера, живая и невредимая, укрылась у няниной дочки.

Не в состоянии сознать всего происшедшего, я, однако, понял ясно одно: судьба развязала все узлы в жизни Веры и Михаила, так или иначе завязанные при моем содействии.

В лице старика Лагутина выбыл из строя единственный враг Михаила, облеченный властью, который мог бы ему повредить в случае возвращения из-за границы и соединения его с Верой. Вера, оставшись сиротой, являлась обладательницей громадного состояния, и отныне ничто не стояло препятствием к широкому развитию их общего дела.

Мне же, выбитому ими из прочности моего былого уклада и не приставшему к ихнему, лучше всего было бы сейчас умереть. Насильственная смерть сообщников как бы восстанавливала былую незапятнанность моей совести, и, погружаясь от слабости вновь в глубокий обморок, я почти радостно подумал, что это конец. И было бы много лучше, если бы я не ошибся.

Глава восьмая

Из древних Фив в Египте...

Когда Вера оправилась, я привез ее вместе с Марфой в столицу прямо к матери Бейдемана, которой обо всем происшедшем я написал. Старушка встретила нас как родных, отвела Вере чистую, как сама, слегка чопорную комнату и обласкала всячески. Тут узнала она про условленную встречу с Михаилом в Италии и все то, о чем в те поры не только писать было нельзя, но и говорить шепотом.

Удивительная была эта старушка: при чрезвычайной любви к сыну, у нее вера к нему и уважение были еще больше любви. В политических делах она разбиралась плохо, воспитана была, как и все женщины дворянско-помещичьей среды, конечно, в понятиях старого монархизма. Но она как-то умудрилась, оставаясь тем, чем была, совершенно не пугаться и не противоречить убеждениям сына.

Впрочем, она почти не задавала вопросов, она только страстно желала вестей, и вести пришли.

Приехал с юга художник Линученко с женою. Он от каких-то таинственных передатчиков привез письмо Михаила. Бейдеман писал восторженно о Гарибальди, о том, как вместе с "тысячью" вступил он в Неаполь. Но прибавлял: Гарибальди находит, что Михаилу необходимо служить родной стране, а не чужой, и торопит его ехать в Лондон к Герцену, куда он и едет.

Вслед за этим получила письмо и Вера все тем же таинственным образом, через передачу Линученка. Михаил писал, что из газет он узнал о несчастье в Лагутине и, не ожидая Веру в Париже, сам приедет в Россию, тем более что этого требует дело.

В ожидании Михаила Вера прояснилась и стала заметно бодрей.

У нее из квартиры не выходил ненавистный мне Линученко. Он был какой-то весь острый, не сидел на месте, все будто что-то высматривал, сощуря зеленые узкие глазки. Он был широкоплеч и приземист, с черной волосатой головой, большим лбом, калмыцкими глазками и увесистым носом. Впрочем, когда говорил, лицо его было умно и значительно.

В его студии на Васильевском острове у меня вышла одна странная встреча с человеком, ставшим мне единственной поддержкой в страшные годы. И, — будь жив этот человек, —

не к священнику, а к нему пошел бы я разрешить мой последний вопрос перед смертью.

Но нет его. Умер Яков Степаныч, великий мудрец. Был он дворцовый лакей, выслуживший себе пенсию, которую всю целиком раздавал приходящей во множестве бедноте. Он слыл прозорливцем и на Васильевском острове, где жил, был очень известен.

Обладая особыми связями и влиянием, он был для некоторых планов нужен Линученку.

Старик же до странности любил этого человека и часто к нему заходил. Я как-то пошел провожать Веру на остров; она затащила меня в рисовальную студию, где, по просьбе Линученка, позировал этот вот Яков Степаныч.

Студия — огромная комната, вдоль и поперек перерезанная хитрой системой веревок, как на дешевых квартирах общий чердак. Это всё измышления Линученка для лучшего изучения анатомии.

Одни веревки болтались качелями, другие туго натянуты, тронуть их — загудят. От потолка, привязанный к крюку лампы, спускался вниз толстый канат и, как змея, уползал по полу в не освещенный лампой угол.

— Мне инквизиция вспоминается, — сказал я, смеясь, Линученку.

— Дворники, хотя о таковой и не слыхали, и те пугаются, — отвечал он. — Ничего, живьем выпускаем. На этой дыбе как руки вывернем, — он указал на ламповый крюк, — мускулы все наперечет... Впрочем, Якова Степаныча мы не пытаем, он вольно сидит.

— Сижу да на них гляжу, что так невеселы, — сказал, указывая на меня, Яков Степаныч, небольшой старичок, чистенько одетый, весь пушистый и седенький, в ласковых тонких морщинах. Я удивился, как он мог угадать, что мне плохо; по виду это не могло быть заметно. Я только что весело смеялся, но на душе у меня было томительно и мертво, как перед обмороком или тяжкой болезнью. Пустая вычеркнутая душа, пуды на руках, словно вериги, так и клонило к земле. Вот бы лечь и лежать.

Я запутался. Из-за любви к Вере я вовлекся во враждебные моему чувству знакомства и не мог, как старушка мать Михаила, соединять безотчетно несоединимое. Со дня на день нервы мои разбивались, я боялся, что, перестав собой владеть, я обнаружу себя перед Верой и мне придется от нее отойти. Но это равно было смерти, и, скрепясь, я носил маску смирного парня.

А старичок Яков Степаныч, улучив минуту, когда Линученко занялся с другим художником разговором, а ему предложил отдохнуть, мелко прошагал ко мне и, щурясь в улыбку, сказал:

— Не тоскуй, чадо, выдержи! Перво-наперво без имени рождается человек и не ведает, есть ли у него душа: пробует так и этак ее переступить — ан границы-то и нащупает. А как перетерпит много мигов смерти духовной да выйдет из нее победителем, нарекается именем и приобщается на свой страх к великой работе, к тяготам земным. На огне, чай, кирпич обжигают.

— А в случае, лопнет кирпич на огне? — улыбаясь, спросил я в тон старику.

— А не вынесешь дух тления, отступишься сам от себя: управляй, дескать, мною, кто хочет, только покой дай, — ты свою жизнь, родимый, предашь. Хоть по облику — как все люди, на самом-то деле впустую, негодною шелухою, проболтаешься на земле. Ведь про это сказано: нельзя талант в землю зарыть, — а ты думал?

— Я думаю совсем про другие вещи, — засмеялся я.

— Ну, гордись, пока можешь, гордись, — улыбнулся старик. — А вот адресок ты запомни: Семнадцатая линия, в третьем дворе...

И он дважды повторил номер дома, так настойчиво, что я нехотя запомнил. И когда пробил мой час, по этому номеру я пошел. Но это случилось много-много поздней; сейчас я от старика отмахнулся и стал смотреть на художников.

Их было пять-шесть и две девушки, все ученики Академии, знакомые Линученка.

— Отчего не рисуем? — спросил один, длинный.

— Сейчас придут еще трое, — ответил Линученко, — они зашли к профессору холст Джорджоне смотреть.

Рисовать Якова Степаныча в этот день не пришлось. Только уселись, как раздался в дверь стук. Косматый Бикарюк, товарищ Линученка, вошел, как-то ежась в своем не по росту коротком пальто. За ним Машенька, жена его, и какой-то небольшого роста художник. Глаза Машеньки были заплаканы.

— Аль не солоно хлебавши? — спросил Линученко. — Картина оказалась брехня?

— Джорджоне и есть, — отозвался хмурый Бикарюк, — на толкучке профессор нашел. Кому кривая везет, тот и в навозе перлы отроет. Да к черту его... с Кривцовым неладно.

— С Кривцовым? — Линученко побледнел и, шагнув к Якову Степанычу, сказал: — Сегодня рисовать мы не будем.

— Кривцов повесился, — словно пролаял Бикарюк. Все молчали. Вера смотрела такими глазами, будто кого умоляла сказать, что это неправда. Машенька и другие ученицы заплакали.

— Кривцов из своей деревни письмо получил, что отца его насмерть засекли. Они ведь из Казанской губернии, крепостные: наш два года как выкуплен. По приговору отцу тысячу всыпали, а сердце слабое, старый и не выдержал. У Кривцова письмо от дьякона в кармане нашли, сегодня только и пришло. Сгоряча это он... А к последней картине он билет привесил: "Проклятие деспоту, проклятие рабской стране!" Вот он, я снял. Увидели бы, сестру арестовали бы. Она еще не знает, мы первые пошли.

Линученко тяжело ходил по комнате. Все сжались и умолкли. Было темно, но забыли о лампе. Большая, странно плоская луна со светлого северного неба спустилась совсем близко за самым окном. На окне косматый, скрюченный Бикарюк, с выдающейся вперед путаной бородой, зачернел космами длинных волос, как какой-то Иуда, на редком переплете ветвей.

Он хрипло от волнения сказал:

— А какую картину Кривцов не окончил? Гопак наш, украинский. Да, у него это тебе не хата с подсолнухом и дурнем вприсядку — вся Украина как есть! Эх, большого художника погубили!

— Мы погубили! Слышите, мы! — сказал, останавливаясь, Линученко. — Пока мы не решимся до капли крови отдать все силы, всю жизнь на борьбу с насилием — мы заодно с ними, с убийцами!

— Что же, нам с кистями и палитрою идти воевать?

— Есть состояние страны, когда ей не надо художников, а нужны одни лишь граждане. А гражданин найдет чем бороться. Все вы читали "Колокол" от пятнадцатого апреля, и разве не все вы согласны? Народ царем обманут! Крепостное право не отменено. Борьба против бесчестного правительства, кровавыми экзекуциями забивающего справедливые требования несчастных крестьян, обязательна каждому честному человеку. Наш товарищ был гениальный юноша, но он не вынес рабской смерти отца. Он умер, проклиная рабскую страну. Так принимайте проклятья и вы, пока остаетесь рабами. Кто со мной? — закричал Линученко. — Кружок Атаева зовет нас соединиться. Вместе мы вдвое сильнее. Друзья, пусть двинет нас хоть на один шаг вперед безвременная смерть Кривцова!

Бикарюк вскочил и, подойдя к Линученку, шепнул ему что-то на ухо.

— Не боюсь! — отмахнулся Линученко. — Лучше того, я сейчас и тебя самого выдам.

— Господа! — подошел он ко мне, стоявшему рядом с очень побледневшим, но спокойным Яковом Степанычем. — Товарищ мой сказал, что здесь есть чужие. Но вас, Яков Степаныч, я знаю давно и как отца почитаю, — он поклонился старику, — а вы, Сережа, хоть и военный, но Верин друг детства, вы...

— Я ручаюсь за Сережу, как за себя, — сказала, подходя, Вера.

Я был потрясен горестным событием с талантливейшим юношей, которого я знал лично; но отсюда до вовлечения в политический кружок, которому я никак не сочувствовал, было далеко. Я растерялся, не находя сразу мыслей и слов, чтобы сильно и раз навсегда отмежеваться от этих людей. Я уже отошел от Веры на середину комнаты, я хотел говорить, но сильный стук в дверь отвлек всеобщее внимание.

Когда вошедший опустил поднятый воротник штатского пальто и снял фуражку, какую носили мелкие служащие, я обомлел. Предо мною стоял переодетый мой собственный денщик Петр. Удивление мое возросло, когда Петр, в волнении не замечая меня, подошел к Линученку, как равный знакомый. Назвав его по имени и отчеству, он что-то стал говорить. Но вот он узнал меня, вздрогнул, как по заводу, взял руки по швам:

— Ваше благородие...

Кровь мне бросилась в голову. Мое достоинство офицера одержало верх над всеми чувствами.

— Как ты посмел...

Но Вера схватила меня за обе руки с необыкновенной силой и вне себя закричала;

— Ни слова дальше, или все кончено между нами! Здесь нет ни солдата, ни офицера. — Петр — наш верный товарищ, он пострадал от произвола моего отца, и кто не друг Петру — мне враг.

Линученко отвел Веру:

— Успокойся, я все объясню. — Он подошел ко мне: — Петр принадлежит к нашему кружку, в который зовем мы и вас. Ваше дело — войти или нет, но предателем вы, конечно, не будете. Если вашему чувству военного претит это нарушение дисциплины, то у вас есть простой выход: подайте рапорт об отчислении Петра из ваших денщиков, хотя это, конечно, нашему делу и повредит. У Петра есть кум в Третьем отделении, он там служит сторожем и дает через Петра драгоценные показания о политических заключенных, чем помогает нам облегчить их участь. Говорю это вам как человеку, чье благородство проверено и бесспорно. А теперь, Петр, какую же весть ты так поспешно принес?

Я был взбешен: как смел он говорить так назойливо о моем благородстве? Но, не в силах от волнения собрать свои мысли, я решил сегодня же письменно отказаться от всякого участия в делах кружка Линученка. Однако я забыл все на свете, когда Петр начал делать свое сообщение. Петр сказал:

— В пять часов вечера восемнадцатого августа с парохода, пришедшего из Выборга, был принят старшим адъютантом корпуса жандармов, капитаном Зарубиным, и помещен в арестантские номера при Третьем отделении Михаил Степанович Бейдеман!

Вера упала, не вскрикнув. Мы, положив ее на диван, кинулись приводить в чувство. Тем временем Линученко выспрашивал подробности: откуда привезли Бейдемана и что известно об его аресте?

Через кума Петр мог узнать только одно: арестовали Михаила в Финляндии, при переходе на русскую землю. При нем были найдены сущие пустяки: испорченный пистолет, перочинный нож и гребенка в футляре. Из Улеаборга он был доставлен в Выборг, а оттуда морем в Петербург.

По архивным изысканиям, из той книжки, что всюду со мной, я должен прибавить следующую пояснительную выдержку: "18 июля 1861 года, в северном финском приходе Рованиеми, Улеаборгской губернии, на станции Корво коронный ленсман Кокк обратил внимание на неизвестного человека. На вопрос Ленсмана, кто он и что делает, он ответил, что он кузнец Степан Горюн из Олонецкой губернии, искал в Финляндии работу, но не нашел и возвращается домой через Архангельскую губернию. Паспорта у Степана Горюна не оказалось; ленсман задержал его и приказал приходскому сторожу доставить задержанного в Улеаборг в распоряжение губернатора. Здесь он был посажен в острог и двадцать шестого июля на допросе подтвердил показание, данное ленсману. Через четыре дня Степан Горюн попросил допроса и заявил, что его показания неверны, что он — поручик Михаил Бейдеман, в июле 1860 года переправился через границу у Торнео в Швецию, откуда в Германию, а теперь возвращается из-за границы!..

Об аресте Бейдемана было донесено великому князю, и он приказал препроводить его немедленно в III отделение".

Веру Линученки оставили у себя. У нее сделался бред,

пришлось вызвать доктора. Я стал искать моего денщика Петра, но он исчез бесследно. Вместе с Яковом Степанычем, печальным и безмолвным, я вышел из студии.

Прощаясь, Яков Степаныч сказал мне еще раз:

— Запомните, батюшка, мой адресок. Вы — сирота, а сироте совет нужен!

Он сказал деловито, как дают справку, и, поклонившись, пошел. Глядя ему вслед, я, помню, подивился его нестариковской походке; он ступал легко и точно, не сгибая прямой спины, как будто не было на нем тяжкого груза лет.

Было поздно. Все та же огромная луна висела уже не в темном, а в сумеречном небе, и свод небесный над далеким Исаакием казался безвоздушным. Сфинксы, как утомленные тигрицы, смотрели друг в друга, и в бесчисленный раз прочел я под ними: "Сфинкс из древних Фив в Египте перевезен в град святого Петра в 1832-году".

Запомнилась мне эта минута. Перед глазами за гранитом стены, тяжкая, ртутью свинцово катилась Нева. Чернели баржи. На другом берегу, в пустых глазницах бесчисленных окон, кое-где, как уцелевший зрачок, мигал огонь. Сзади огромная Академия художеств без статуи Минервы наверху, которую водрузили много поздней, казалась ближе, чем днем.

Я стоял смущенный, потерявший путеводную нить поведения и жизни. Честь офицера, достоинство дворянина, все привычные убеждения, моральные и государственные, вооружались, как на злейшего врага, на мои привязанности человека — безмерное чувство любви к Вере и верность дружбы к ее друзьям. А Петр? Что предпринять мне с ним? Как встретимся дома? Предерзостный обман его сношений с заговорщиками я всем существом ощущал как достойный одного: расстрела. А что дальше с Михаилом? Нельзя не предвидеть, что не кому иному, как мне, придется взять на себя все хлопоты об его освобождении, прибегнуть к связям тетеньки, молить Шувалова и Долгорукова, как родственных и хорошо мне знакомых людей, и о чем же? О даровании свободы непримиримейшему врагу царя! И для чего же? Для лучшего и хитрейшего применения его силы к борьбе разрушительной...

Нет, это было слишком. Сохраняя ко мне хоть каплю уважения, они должны были больше щадить меня и, хотя бы хитростью, столь свойственной их поступкам, оградить меня от муки невыносимых двоящихся чувств.

Но я был для них лишь удобным механизмом. И как в паровую машину для действия паров кидают уголь, так, чтобы

84

меня использовать, как им было надо, они играли на этом пресловутом моем благородстве.

Я сошел по ступенькам вниз. У воды было холодно. Тускло светились тяжкие волны. Я подумал: не лечь ли на них? Пусть понесут под этим серым сводом, пока не устанут, а там погружусь... И не повернут каменных голов, увенчанных тиарами, эти двое, что вывезены из древних Фив.

Но я вспомнил о Вере и, ежась от холода, пошел домой. Я знал, что буду ей нужен всю мою жизнь. На этом самом месте в восемнадцатом году со мною еще раз случилось то же самое и в такой же час.

Я, одетый в свои лохмотья и уже ставший на линию подаяния, по одной своей старости не возбуждая подозрений, ходил днем и ночью по городу и смотрел...

И вот, в такой точно час, когда такой же тусклый шел свет от большой плоской луны, я видел, как бросился в Неву человек. От правого уха к ноздре у него в сумеречном освещении багровел длинный шрам. Я знал этот шрам... Еще бы мне не знать! Это был тот самый, от удара турецкой сабли, когда мы двое в безумном азарте проскочили вперед. Вдруг подоспели наши и взяли в плен авангард турок. За этот шрам капитану Алферову дан был Георгий...

Сейчас старый, негнущийся человек, он опять по-военному просто и смело отставлял себя сам от жизни. Я видел, как он поклонился по-русски на все четыре стороны, как разделся не спеша, как вошел в воду, как, отплыв, погрузился. Я его не окликнул. По-своему он был прав. Я сошел вниз по ступенькам. Свинцовые воды несыто ворчали, ударяясь подо мной о гранит. О, как тянуло меня в эту тяжкую глубину...

Но мысль о Вере остановила меня. Ей, давно уже покойной, я обязан обнародовать правду о многострадании Михаила и уж потом отойти.

Я вышел наверх. Чернела огромная Академия, опять — как в те годы — без возглавляющей статуи Минервы, которая в девяностых годах провалилась, разрушив потолок. Но сфинксы все так же таинственно и лениво смотрели друг на друга, и чернела под ними все та же надпись веков: "Из древних Фив в Египте".

Глава девятая

Под колпаком

Перед тетушкиным особняком я был внезапно смущен. Вместе со мной подъехала карета, и в великолепных бобрах, легко выпрыгнув, граф Петр Андреевич Шувалов направился к дверям. Я, будто вдруг увлеченный витриной цветочного магазина, вплотную подался к большому цельному стеклу, которое украшало собою проспект рядом с последней полуколонной тетушкина дома.

Граф своим быстрым всевидящим оком увидал мой маневр и, улыбаясь почему-то с величайшим удовлетворением, подошел ко мне и сказал:

— Войдемте вместе к графине; что даром тревожить старого Калину?

Калина был тетушкин почтенный лакей, никому не уступавший своей привилегии открывания парадных дверей. Нередко жаловали к тетушке "особы", и первое их приветствие казалось Калине делом придворным, как бы по сану церемониймейстера двора.

Все было чрезвычайно естественно в манере графа, он только, казалось, был особенно в духе, и сейчас свойственный глазам его острый приметливый блеск был как бы притушен тонкой обходительностью великолепного красавца, не сознающего своей власти.

Непринужденно болтая, я внутренно трепетал. Меня пронизала внезапная и совершенная уверенность, что сейчас граф пришел к тетушке исключительно ради меня и боялся, что меня тут не будет.

Как человек, опустивший руку за билетиком и взявший шутя первый приз, он, при всей своей выдержке, не мог скрыть наплыв чисто животной доброты, которая бывает всегда при удаче без препятствий. Я раз сам наблюдал, как кошка, с размаху поймав мышь, очень миролюбиво уступила собаке кусок брошенного ей сала. Не зная научно пределов сознания у животных, не могу решить, была ли то простая случайность или указанное мною чувство. Но в том, что поведение графа Петра Андреевича в эту незабвенную ночь было похоже на добродушие тигра, довольного удачной охотой, у меня есть, увы, слишком неопровержимое доказательство.

К сожалению, нас научили слишком доверять только

фактам и логике, презирая, как романтическое наследие предков, остерегающие движения чувств. Будь я мудр, я бы послушался своей безотчетной тоски при виде мраморного лица с острым блеском глаз, повернулся и ушел бы домой. Но я не был мудр и пошел вслед за Шуваловым.

В салоне у тетушки было оживленней обычного. Вместо центральной персоны, которую тетушка подавала, как метрдотель отменное блюдо, шумела оживленная молодежь обоего пола. За отсутствием салонного "кита", гости разбились на естественные группы, в которых велись соответствующие их интересам беседы.

Вокруг круглого стола, в мягких креслах, царила тетушка, окруженная "своими". Тут были люди чиновные и темы моднейшие: предполагавшееся закрытие воскресных школ, беспорядки в университетах и пресловутый "женский вопрос".

— Я всей душой за графа Строганова, — сказала тетушка, — по мне, он один не врет, говоря, что высшее образование прилично давать лишь имущим дворянам. Какой-нибудь разночинец выскочит грамотней отца, да и пойдет перед ним руки в боки! А другой наберется ума да с голоду вздернется, как давеча в газете писали. Нет уж, кому как от бога положено — пусть так и живет.

— Как вам нравится мнение барона Корфа? — сказал тетушке старичок. — Он предлагает прежде всего университет сделать с отменой учебных классов...

— Вздор! Мы не дозрели, батюшка, до парламентской системы: коли без дубины на водопой пойдем, мы, как скот, покос вытопчем! — оборвала тетушка.

— Любопытна записка Ковалевского... — начал осторожно Шувалов своим обычным вопросительным тоном, ничем не выдавая собственного мнения, а сманивая каждого, как воробья на мякину, высказать свои мысли.

— Фант, фант! — закричали со всех сторон, подвигая Шувалову саксонскую вазу с звенящим серебром.

— За Ковалевского, батюшка, у меня нынче фант платят, — сказала тетушка, — целый час из-за него тут шел бой. Я вижу — дело жаркое, значит, для сироток овечку и можно постричь. Плати, батюшка Петр Андреевич, да больше не поминай его: навяз в зубах, как рахат-лукум греческий!

— Есть о чем и говорить, когда с ним решили вчистую! Назначены Строганов, Долгорукий и Панин, — вскипел быстренький старичок и сделал ручкой другому старичку, как бы сбивая головку одуванчика. — Ковалевский... по шапке!

87

— Плати, плати штраф! — Тетушка передвинула старичку вазу. Все смеялись.

Обыкновенно, по моему художественному расположению ко всякого рода игре, я восхищался, как ловкими конькобежцами, минующими глубокие проруби, этим легким салонным искусством, ничего не задевая глубоко, касаться всего, выводя, как по гладкому льду, сложнейшие словесные хитросплетения.

Но сегодня, оттого ли, что Михаил был заключен в III отделение, в совершенной власти человека, так непринужденно сидевшего против меня, эта светская беспечность была мне отвратительна.

— На Ковалевском заработано изрядно, — сказала тетушка. — Ну-ка, Мария Ивановна, теперь твой черед, садись на своего конька, только смотри, завлечешь разговор до Августина, двойной плати штраф.

У тетушки были старинные немецкие часы с боем и получасовой музыкальной фразой на мотив: "Mein lieber Augustin".

— Я не хочу сесть на конька, — сказала Марья Ивановна, улыбаясь, — я люблю по старинке, на целой тройке со всеми удобствами да полной хозяйкой. И себе я не вижу обиды от моего женского положения: как бабушки были домовитыми матерями, так и мне дай бог век скоротать.

— Да, ты баба толковая, все знаем; вот про дочку расскажи, — велела тетушка, почитая Марью Ивановну по отношению к себе девочкой, хотя той было за сорок.

— Точно, что с Любинькой мне горе; представьте — она художница. — Марья Ивановна покраснела, будто произнесла не вполне пристойную вещь. — Ну, порисовала бы часик-другой, а то не угодно ли — целый день! А намедни в слезы. Учитель безо всякой дурной мысли ей сказал: "Большое у вас дарование, только жаль, что вы не юноша". А она в амбицию: "Вы, кричит, китайскому посланнику небось не сказали бы, что он умный человек, да жаль, что косоглаз, а женщине смеете? Вон из моей комнаты!" А мне говорит: "Я, мама, барышней вовсе себя не чувствую, хочу жить как мужчина".

— Приведи свою Любиньку завтра ко мне, — сказала тетушка, — я про одного женишка ей скажу, замуж-то ей ведь пора.

— Феминистический бунт! — воскликнул европейский старичок. — Если бы женщины были разумнее, они бы не бунтовались. Ведь научно известно, что, в среднем, их мозг на много единиц легче мозга мужского. И разве была из них хоть одна гениальной? Хотя бы в литературе? Больше каши, чем Жорж Санд, не заварят, а и ту Шарль Бодлер звал коровой...

— A Jeanne d'Arc?[12] — сказала, краснея, самая пожилая из незамужних женщин.

— Жанна д'Арк не по времени. И к тому же, сударыня, нам Вольтер ее обезвредил. Подвиг ее и необычайность военного дарования возникли на почве... ну, как бы деликатнее сказать?..

— А ты промолчи... — тетушка погрозила пальчиком своему любимому старичку, великому мастеру на французские скабрезности.

— Словом, Jeanne d'Arc — не в пример женщинам, ибо она вовсе не женщина, — вставил небрежно Шувалов.

На что девица спросила:

— Но разве это возможно?

Все очень смеялись. Тетушка, в отличнейшем расположении духа, кричала:

— Еще штраф Петру Андреичу за то, что ввел красную девицу в краску!

Но скоро беседа стала серьезной. Кто-то привел статью Лескова из "Русской речи", и, хотя давно прозвонили часы и дважды сыграла их музыка "Августина", с этой темы гости сойти не могли. Начавшееся женское движение не на шутку взволновало отцов и матерей, а примеры увлечения новыми идеями не в одной семье создали трагические противоположения.

Я неприметно отошел к окну, желая скрыть свое волнение. Модный женский вопрос ведь и мне был особенно близок. Ведь благодаря ему погибло счастье всей моей жизни и Вера увлеклась Михаилом...

На мою удачу известный говорун и светский художник вдруг объединил всю гостиную своими ловкими репликами. Он говорил с неприятной кудреватостью, но, как показалось мне, неглупые вещи.

Читатель может быть поражен, как могу я, вспоминая о такой решающей минуте моей жизни, о чем догадался он по началу этой главы, размениваться на подробнейшие воспоминания пустых разговоров? И является сомнение: точно ли я это все запомнил или же, замаскировавшись удобным предлогом, обманывая себя самого, удовлетворяю свою слишком поздно пробудившуюся писательскую жилку, компонуя какой-то светский журфикс?

---

[12] Жанна д'Арк

Отвечу на вопрос вопросом. Разве не наблюдал читатель, как люди, перенесшие роковую утрату, искалечившую всю их жизнь, повествуя о ней другому, нарочито подолгу задерживаются на мельчайших вещах. Человек должен взывать к защите повседневности, чтобы иметь возможность перенесть то, что выше силы обычного человека.

Что же до памяти, как фотография, отпечатавшей все, что свершилось полвека тому назад, то ведь этой памяти стариковской, словно солнышку, уже безразлично, что малое, что большое. Однако разрешу себе еще немного подробностей, как приметных кусочков, которые врезаются в память человека, ведомого на казнь.

Вышеупомянутый светский художник и говорун был в бархатной куртке и жестикулировал.

— Разрешите посвятить вас в тайну искусства, где глубже, чем где-либо, вскрываются тайны мужчины и женщины, — обратился он к тетушке.

— Посвящай, батюшка, — сказала со свойственным ей юмором тетушка, — только помни: и статуе непристойно быть вовсе голой. Впрочем, в местах опасных переходи на французский.

— Надеюсь и по-русски миновать Сциллу с Харибдой. Но к делу: допустим, что я рисую Гермеса... Выслеживая его крепкие, строгие мышцы, у меня чувство, будто я кую драгоценность. Когда проследишь и отметишь верно мускул, почти злое чувство расчета и логики, если смею так выразиться, ведет мой карандаш. Похоже: идешь над пропастью и собранной волей продвигаешь свой шаг.

— Кто это, кто? — зашептали тут и там.

— Талантливый parvenu[13], пенсионер графини. Художник продолжал:

— Словом, mesdames, эти чувства — радость прицела, полет пули в мишень...

— Да ты нам о военной-то стрельбе не читай, — вставила тетушка.

— Терпенье, графиня, сейчас я перейду к Венере... Здесь я чую божественные формы уже не в линии, а в тенях: я вхожу будто по горло в синее теплое море, под чудным синим небом. Мне празднично, я слышу пасхальный перезвон... Mesdames, я купаюсь в Венере!

— Est-ce que c'est convenable?[14]— спросила Марья Ивановна.

_____

[13] выскочка (фр.)

[14] Разве это прилично? (фр.)

Все рассмеялись.

— Плати штраф, — сказала тетушка, — ты зарапортовался.

— Позвольте, графиня, досказать до конца, и может быть, приговор общественный не будет столь жесток, как ваш.

И художник, как импровизатор, сделав театральный жест, продолжал:

— Если в художественном воспроизведении торсов мужского и женского такая разница в ощущениях, то, значит, тут глубокий закон, и нельзя в жизни путать оба начала или одному сбиваться на другое. Ну, да пусть мне дамы простят. Творчество не ихний, а наш удел. Венеру Милосскую и Медицейскую создал мужчина. Но, конечно, создал не из собственной головы, а любя без памяти какую-нибудь Аглаю или Клео. И вот оно, женское дело: вызывайте в нас любовь. Mesdames! Заставляйте нас творить прекрасные вещи, творить прекрасную жизнь!

Художнику аплодировали и мужчины и женщины, а тетушка сказала ему:

— Молодец, но за купанье в Венере все равно клади штраф.

Мне стало очень тоскливо. Невольно я сравнивал, не к чести светского общества, пустозвонство здешних речей с глубиной, которую почувствовал я в неприятном мне кружке Веры. Но где же теперь мое место? Одинаково отравленный противоположными влияниями, не осужден ли отныне я вечно стоять на распутье?

Ко мне подошел Шувалов. Он нет-нет, а поглядывал в мою сторону, словно стерег.

— Вы, как я замечаю, хотите уйти, — сказал он, — у меня те же намерения; исчезнем a ranglaise[15], — не прощаясь.

Когда мы в передней одевались, у меня промелькнуло в уме: он позовет меня ехать с собой. И действительно, когда подали карету, Петр Андреевич сказал;

— Садитесь, у меня к вам разговор.

Боясь сделать промах, я молчал. Граф посмотрел на меня и сказал участливо:

— Вы совсем больны. Впрочем, не мудрено, у вас такое горе... Но я думаю, что могу вам очень помочь, если вы сами того захотите.

Я продолжал глупо молчать и напрягал всю свою энергию, чтобы догадаться, как мне себя с ним держать. На что намекает он, не называя? Неужто хочет, чтобы я невзначай вовлекся в разговор и выдал, что знаю, где Михаил? Но для ловушки это

---

[15] по-английски (фр.)

слишком просто и грубо. Мы подъехали к одному из лучших особняков и, минуя парадную лестницу, идущую вверх, прошли через коридор в какую-то дальнюю угловую комнату. В передней граф сказал швейцару, что у него спешное дело и гостям следует говорить, что его нет дома.

Комната, в которую мы вошли, была с очень глубокими небольшими окнами на Неву.

Прямо напротив сверкал длинный шпиц Петропавловской крепости, и вся она, с Трубецким бастионом и мысом треугольного равелина, была передо мной.

Кроме мягкого дивана вдоль стен, крытого каким-то летним, веселеньким ситцем, где чередовались птички и бабочки, не было ничего. На полу стояли ящики с упакованной в сено посудой, а в углу какая-то ломаная мебель. Комната была складочным местом.

— Прошу извинить, здесь весьма неказисто, — сказал граф, с удовольствием, как иностранец, преодолевший трудности языка, выговаривая слово "неказисто". — Но зато можно ручаться за нерушимость беседы. А беседа у нас, как вы сами отлично знаете, — первейшей важности.

Чтобы быть естественным, мне давно пора было воскликнуть, что я ровно ничего не понимаю, но горю желанием понять. Но я пропустил к тому все приличные сроки и сейчас, как откровеннейший дурак, стоял у подоконника. Я был в оцепенении, как заяц под взглядом удава.

Пустяк на окне привлек мое внимание: огромный стеклянный колпак, каким накрывается сыр, совсем пустой стоял на светло-желтом мраморе подоконника, и в нем стукаясь то об одну стенку, то о другую, докучно жужжа, из последних сил билась синяя толстая муха.

— Отпустим мушку на волю! — Шувалов приподнял колпак и выхоленным тонким пальцем с длинным ногтем столкнул на пол обалдевшую муху. Потом он чуть улыбнулся и взял меня под руку: — Держу пари, милый поручик, что у вас сейчас промелькнула одна аналогия. Что, попал в цель?

Я вздрогнул и, фальшиво смеясь, подхватил:

— Не скрою, граф, вы действительно отгадали, но будьте великодушны, как с бедной мухой: освободите мой разум от дурацкого колпака. Я теряюсь в догадках, о чем будет наш разговор.

— О Михаиле Бейдемане, — сказал просто Шувалов. — Как вы уже знаете, он сидит у меня в Третьем отделении.

Я приказал себе сделать жест изумления и, как плохой

актер, развел слишком широко руками. Шувалов не дал мне сказать, перебив снисходительно:

— Ну, разумеется, вы обязаны выразить изумление. Милый Сережа, бросим программу!

Он взял меня за руку и серьезно и ласково, без всякой игры, посмотрел долгим взглядом. Шуваловы были с нами в свойстве, граф знавал меня с детства, но, занятый делами, редко обращал на меня внимание.

Внезапная родственность обращения, не будучи привычной, разбила последнюю официальность между нами, за которою я хотел укрываться.

— Сядем на диван. Хотите курить? — Граф протянул портсигар. Мы закурили. "Предательства еще нет", — отмечал я себе. У меня в голове не было мыслей, было одно напряжение всех сил: не предать.

— Михаил Бейдеман пойман на финской границе, когда он под чужим именем хотел пробраться в Россию. Государь его делом раздражен необыкновенно, и юноше грозит наихудшая участь, если мне не удастся создать смягчающие обстоятельства.

Граф говорил очень серьезно, просто и только с той мерой чувства, которая была для него здесь уместна. Малейшая фальшь резнула бы мой слух, но, благодаря такту графа, я невольно стал верить обычному, столь естественному в порядочном человеке доброжелательству. К тому же, хоть я и помнил, что граф карьерист, но предположить, что история с Михаилом могла вплести новый лавр в его послужной список было бы нелепостью. Однако это было именно так; но только сейчас, через пятьдесят с лишним лет, узнал я это доподлинно. Кое-что пережив и имея перед собой историческую перспективу, я только сейчас вижу ясно все дело Михаила в связи с окружающим.

Ведь это были шестидесятые годы, первые годы реформы, которых столь пламенно ожидали и которые столько всех обманули.

Начинались революционные волнения молодежи, университеты всколыхнулись. Появились прокламации. Почти перед злосчастным арестом Михаила шеф жандармов получил по почте листы "Великоросса". А в августе и сентябре уже разошлось по широким кругам знаменитое воззвание "К молодежи".

Конечно, графу Шувалову, молодому генералу, было очень важно проявить свои таланты защитника трона. Для этого нужно было создание крупных врагов. Михаил оказался как нельзя более подходящим материалом.

Граф Шувалов, сделав паузу, многозначительно прибавил еще раз;

— Итак, если мне при вашей помощи не удастся создать смягчающих обстоятельств, наихудшее грозит Бейдеману, да и не ему одному...

Шувалов ожидал моей реплики. Но, стиснув до боли руки, я молчал. Тогда он тем же сердечным и задушевным тоном, как родне и другу, сказал:

— Я принужден арестовать и снять допрос с дочери Лагутина, Веры Эрастовны.

— Нет, этого вы не сделаете... — Я вскочил, я был вне себя. — Вера Эрастовна совершенно ни при чем, ее вовлекли!

— Но вы с нею вместе посещали кружок Бейдемана! — Шувалов не подымал глаз, как бы боясь их остроты, не соответствовавшей мягкости тона.

— Никакого кружка нет, — сказал я твердо, — есть один Михаил Бейдеман, вовлеченный в вольнодумство...

— Послушайте еще раз и очень серьезно: вы один можете избавить Веру Эрастовну от неизбежного ареста, если поможете мне пролить свет на один документ.

Шувалов вынул из бумажника исписанный лист бумаги, положил его на стол, прикрыл большой белой, еще белее, чем лицо, мраморной рукой и сказал, впервые глянув мне ярко и твердо в глаза:

— Все, что мы здесь говорим, — абсолютная тайна. При вашей малейшей нескромности и вы и Вера Эрастовна будете посажены в крепость, и еще кое-кто. У меня сведения есть о всех тех, с кем знаком Бейдеман.

— Каких вы хотите от меня объяснений? — сказал я.

— При тщательном обыске Бейдемана на дне коробки с папиросами мы нашли разорванную на мелкие клочья бумагу. Ее удалось сложить, и несмотря на пробелы, текст ясен. Вот он.

Шувалов протянул мне копию документа.

"Божьей милостью мы, Константин Первый, государь всероссийский" торжественно начинался подложный манифест от имени измышленного сына Константина Павловича. В манифесте воображаемый претендент заявляет, что престол был похищен у его отца, Константина, братом Николаем I, а сам он с детства заключен в тюрьму. Далее шел призыв к свержению незаконной власти, грабящей народ, и следовали обещания раздачи всей земли, отмены рекрутчины и все прочее, о чем кричали все подметные листки.

Шувалов не спускал с меня глаз, но это было мне уже все равно. Я утратил всякую от него обособленность, я был возмущен грубой ложью документа и дерзким самовластием составителя. Таковы были в ту минуту мои чувства. Они отразились на моем лице.

— Милый Сережа, как я рад, что в вас не ошибся! — Шувалов пожал мою руку и уже без наигранной доверчивости, а как союзнику, деловито сказал: — Помогите же мне не впутать в это дело Веру Эрастовну. Расскажите мне сами все, что вы знаете о Бейдемане.

И сейчас, как собственный предсмертный судья, без утайки озираясь на прошлое, я по совести не могу осудить себя, такого, каким я был, за этот разговор с Шуваловым, до двух пунктов ненужного и рокового сообщения.

Желая одного — выгородить Веру из дела, я описал Михаила как упорного обособленного гордеца, желавшего привести в исполнение, ни с кем не соединяясь, а лишь всеми управляя, свои революционные замыслы. Шувалов значительно развязал мне руки своим сообщением о признании Бейдемана в том, что замышлено было им не более и не менее как цареубийство. Этот злодейский акт, по его изъяснению, не трудно было ему исполнить, потому что, как воспитанник военно-учебного заведения, он знал прекрасно все обычаи и привычки государя. Шувалов привел подлинные слова Бейдемана, которые к тому же обновляет в моей памяти брошюра архивных изысканий об этом деле. Михаил сказал на допросе после признания, что ехал в Россию с тем, чтобы совершить покушение на государя.

"Не дорожа своею жизнью, которую я посвятил на это дело, я даже не намерен был по нанесении удара бежать и укрываться от преследования".

Бешенство охватило меня. Как, в своем беспредельном эгоизме бунтующего демона, Михаил смел не дорожить жизнью, предварительно связав свою судьбу с судьбой Веры? Имея хоть каплю рыцарского великодушия, он должен был бежать от ее любви, а не сметать мимоходом ее прекрасную юность, как сметают тяжелой рукой подлетевшую к огню бабочку, навеки губя ее легкие крылья.

Раздраженный этой его фразой, которая могла погубить во цвете лет близкое мне существо, уже не подстрекаемый Шуваловым, я был охвачен одной звериной ненавистью. Я стал толковать вслух, ища злейшего смысла в дьявольском по надменности заявлении Михаила.

— Он хотел поднять страну против дворянства! — вскричал

95

я. — Убийство государя дворянином могло быть понято как месть дворянина за освобождение крестьян... Бейдеман ненавидел свое сословие, я помню его речи: "Вырвать с корнем его, как крапиву"...

— Сережа, дружок, успокойтесь, — отечески обнял меня Шувалов, — быть может, Бейдеман только жалкий безумец?

— Нет, он не безумец, он злой фанатик! И если сейчас из презрения к властям он дает скудные показания, то, поверьте, это только затем, чтобы на суде с яростью предать гласности свои злодейские убеждения, в дикой гордости прослыть в глазах других революционеров мучеником.

Я глянул на Шувалова и осекся. Он сиял от восторга, как получивший нежданно августейшую благодарность. Да, за свою коварную игру опытной кошки с глупой мышью он и получил ее в превосходнейшей степени, перескочив в производстве товарищей. А мне за предательство и глупую злобу он выхлопотал не в очередь орден.

О, мы дешево продали могучий дух и светлый ум Михаила!

Но ведь окончательно я понимаю суть дела только сейчас, на восемьдесят третьем году, погибнув раньше смерти. А тогда?.. Тогда я только бессознательно испугался торжества в, выражении графа и вдруг остыл от своего бешенства против недавнего друга и стал думать, не предал ли я его.

Нет, я этого не нашел. И, окончательно великодушный, вообразив, что этим могу смягчить положение Михаила, вдруг подхватил мысль графа, что он, может быть, психически ненормальный. Теперь, в свою очередь, я приводил этому многие доказательства, но граф Шувалов их слушал уже без интереса. Он уже был обычно бесстрастный, отлично собранный механизм, заключенный в красоту мраморных форм. Очевидно, мои первые показания в минуту бешеной вспышки пришлись ему более на руку.

Придворным движением, как бы кончая аудиенцию, он встал и любезно сказал мне:

— Извините, у меня спешные дела. Относительно себя и Веры Эрастовны будьте спокойны.

— А участь Бейдемана?

— Решится по заслугам.

Последнюю фразу он бросил уже как начальник, самовластно отстраняющий всякое чужое вмешательство. Граф сам вывел меня в переднюю. Он сказал лакею: "Шинель поручику!" — и упругим шагом поднялся вверх.

Выйдя на улицу, я пошел куда глаза глядят — по одному проспекту, по другому. У меня было чувство, что из меня выбрали все, что было мною, и пустую оболочку пустили ходить. Предо мной, как видение, стоял дьявол Микеланджело и держал перед собой кожу, снятую с грешника. Как одержимый, я шатался по островам, а под утро вдруг очутился опять у подъезда графа. Я хотел было войти, но в окнах было темно. Я вдруг почувствовал себя безмерно несчастным и свалился тут же без чувств.

Конечно, если б я сознал тогда ясно все последствия моего разговора с Шуваловым, я бы не мог жить спокойно остаток своих дней. Но всего лишь смутное ощущение чего-то непоправимого в судьбе Михаила, свершившегося по моей воле, верней — посредством меня, неопределенной тяжестью легло мне на сердце. Вот это чувство, ставшее в дальнейшем невыносимым, двинуло меня на безумную попытку освободить Михаила с риском собственной жизни. После этого обстоятельства все укоры моей совести значительно притупились до нынешних дней.

Но сейчас, изучая нелгущие строки архивного изыскания, как не назвать мне себя главным виновником одиночной двадцатилетней пытки Михаила? Ведь у человека, в чьих руках была его жизнь и судьба, у графа Шувалова, самостоятельным было совершенно иное решение, нежели то, что последовало позднее, после разговора со мной.

Ведь это Шуваловым, как видно из доклада его великому князю Михаилу Николаевичу, было сделано предложение, чтоб передать Бейдемана в военное ведомство и судить его военным судом. Худшее, что могло ждать его, — была смертная казнь. Но не о ней ли, как о милости, будет умолять он в раздирающей сердце записке, которая словно чудом, из загробного мира, в один чудный вечер уютного чаепития появится с неизвестным перед нами... Но об этом поздней.

А теперь: вот итоги моего разговора с Шуваловым. Я подсказал графу новое освещение всего дела, а в связи с ним и роковое решение участи узника. Мое утверждение, что Бейдеман — не безумец, как они было склонялись признать, привело их к убеждению, что того, кто не гнется, всего проще сломать.

Число в число, после нашего разговора, Шувалов доносил царю в Ливадию буквально мои собственные слова. Он говорил, что упорное молчание, которое хранит Бейдеман, не желая давать дальнейших показаний, происходит только от того, что он собирается во всю силу заговорить "в день суда в единственной надежде предать гласности свои намерения и выставить себя мучеником за политические убеждения".

Для того чтобы опасному арестанту пресечь все возможности гласности, его без суда и следствия заключили в Алексеевский равелин, в камеру No 2.

Глава десятая

Одет камнем при Екатерине II

Был чудный июльский день, когда я нашел наконец силу пойти в Петропавловскую крепость, чтобы воссоздать в воображении Алексеевский равелин, где сидел Михаил двадцать лет в одиночном заключении.

Сколько раз я переходил Биржевой мост, вдоль тучнеющих огородов, которые разбил крепостной гарнизон рядом с деревянным широким помостом, ведущим во входные ворота! Вместе с экскурсией пытался я пройти внутрь. Но в глазах темнело, ноги подкашивались, и я мог только сесть на большой придорожный камень и долго бессмысленно созерцать громадный революционный плакат, вознесенный над этим первым входом. На небесном фоне изобразил художник слева и справа пушки, с высоким прицелом чёрного дула; над пушками вверху красная звезда, а в сердце у ней серп и молот. Еще выше труднейшее словосочетание — Штаб Петрогрукрепрайона. Я это слово твердил машинально весь обратный путь до своего чердака, стараясь отвести мысль от своей досадной слабости, которую, знал я, должен во что бы то ни стало преодолеть. Случай неожиданно мне помог.

Через бывшее Марсово поле, где этим летом разбивается отличный цветник, я, приветствуя украшение столицы, прошел было к Цепному мосту, чтобы точно найти дом бывшего III отделения, где спервоначалу сидел Михаил и где еще с такой несокрушимой силой и гордостью он отвечал на допросах.

Я был одет приличней обыкновенного: для торжественных случаев у меня уцелели весьма старые, но все же темно-зеленого гвардейского сукна брюки и сюртук. Я надевал их в последний раз, когда определял девочек в школу.

В этом виде все зовут меня "дедушкой", и мне это очень приятно. Самое главное: на вопросы отвечают как равному, а сегодня мне вот именно важно, чтобы мне ответили на вопрос, где дом бывшего III отделения.

Найти этот дом я так и не успел, потому что как раз тут случилось то происшествие, которое меня придвинуло к цели.

На Фонтанке есть пристань, где отдают по часам лодки. Было пустынно. В конторе белела голова мальчика, дежурившего в этот вечерний час, да курил трубку, свесив босые ноги в воду, содержатель лодок.

Белокурая девушка, веселая, в коротком платье, с толстыми ножками, о чем-то шепталась со своим спутником-красноармейцем. Вдруг она подошла ко мне и сказала:

— Гражданин, не хотите ли с нами проехать на лодке? Наверное, вы умеете править рулем, брат мой будет грести, а я, как буржуйка, посижу сложа руки. Мы объедем крепость и вернемся назад. Времени не более часу.

Я поблагодарил и с биением сердца вступил в лодку. Эта поездка — как нельзя более кстати, если обречен я воскрешать в памяти былое...

Мы проплыли по Фонтанке мимо бывшего Училища правоведения и под тем странным местом, где бывали мы с Верой не раз, когда, как маньяки, одержимые упорной идеей, с утра до вечера искали одного: как ее выполнить?

Это было весной шестьдесят второго года, вскоре после того, как Петр проведал от кума, что Михаил свезен в крепость, но в Трубецком бастионе не числится. Оставалась догадка, что он в Алексеевском равелине.

Вера продала все, что осталось в наследство от отца и мужа, и, когда составилась крупная сумма, она, как безумная, стала требовать у нас помощи устроить побег Михаила. Напрасно твердил ей Линученко о неприступности равелина, обнесенного высокой стеной, об обилии стражей, о неслыханной изоляции узников. Вера слышать ничего не хотела. Она отдавала на это дело все свое состояние и добилась того, что Линученко решил сделать попытку.

Петр должен был через верного своего кума организовать широкий подкуп людей в Трубецком бастионе и равелине. Целый месяц прошел в тщетной надежде, но если капля со временем долбит камень, то и золото в неограниченном количестве всегда разобьет наемное сопротивление.

И вот Петр объявил, что человек соответственный есть. Это был помощник одного из надзирателей равелина — Тулмасов. На подкуп часовых и прочих охранителей он требовал пятьдесят тысяч рублей.

Линученко объявил, что должен сам видеть этого человека. Свидание состоялось, и Линученко поведал нам план Тулмасова.

Глубокой ночью, когда не будет луны, двое должны будут подплыть в лодке со стороны Биржевого моста к стенке равелина и для сигнала на минуту зажечь огонь.

Кроме двух часовых, никто этого видеть не может. Часовые же, заметив сигнал, со стены бросят веревочную лестницу, по которой подымется Петр с необходимыми инструментами для распилки железной решетки каземата. В случае, если не удастся вывести узника из дверей, оба спустятся обратно по той же лестнице.

Линученко предупреждал, что Тулмасов ему крайне не понравился и что весь его план скорее всего вычитан им из дрянного романа и, кроме риска, не даст ничего. Но Вера, ослепленная страстью, умоляла нас отважиться на попытку. Вызвались я и Петр. Вот причина, почему так знакомы мне вдоль и поперек все протоки и речки, впадающие в Неву. Ведь мы целыми днями плавали с Верой, ища безопасных путей, как подойти к грозной крепости и уплыть обратно, увозя с собой Михаила.

Как Веру тешила эта затея! Но из-за этого с каждым днем все труднее было мне, подобно Линученку, ей объявить, что надежды нет ни малейшей, а риск для жизни велик. При первом подозрении нас с Петром уложат на месте. Но для меня, хотя б и бессмысленный, героический конец в глазах Веры — был в то же время и единственный желанный выход. Виновником заключения Михаила без суда и без следствия я уже и тогда ощущал где-то втайне себя...

Кроме того, жизнь моя была расколота, и своего в ней места я найти не умел. Сколько я себе ни твердил, что разговор мой с Шуваловым не мог иметь плохого значения, чувство мое подсказывало мне иное.

Сейчас, когда мы через канавку входили в широкое лоно Невы, воскресает предо мною во всех подробностях незабвенная ночь нашей безумной попытки освобождения Михаила.

Сейчас от закатных лучей, как на густо-синем атласе, разлилось жидкое золото на могучих холодных волнах, а тогда...

Тогда целый день шел проливной дождь, к вечеру разыгралась буря, и зловеще ударяла пушка, объявляя об опасности наводнения.

Я перенесся на полвека назад. Да, была черная ночь. На Неве буря. Не часто шли пароходы. Огромным черным телом чернели затонувшие баржи...

— Дедушка, не попадите под катер! Правее! — окликнула белокурая девушка, потому что, весь в прошлом, я позабыл о руле.

Мы подъехали. Петропавловская крепость с шестью бастионами похожа на невиданного паука, выставившего верхние членики лап и спустившего в воду концы. Мне почудилось: лапы его не кончаются там, в воде, а,

101

расчлененные на тысячу нитей, незримой паутиной опутали весь Петербург. Когда в Музее революции я недавно рассматривал сеть царской охранки с разноцветными кружками слежки, у меня воочию связалась эта паутина над городом с таинственной подводной работой чудовищного паука Петропавловской крепости.

— Смотри-ка, эта крепость похожа на паука, — выкрикнула белокурая девушка, а ее военный спутник вымолвил с важностью:

— Потому что здесь пауки царского режима сосали кровь революционного пролетариата.

Паук... какой пророческой меткой была та родинка на правой руке Михаила! Так в феодальные времена люди сюзерена носили на себе его герб.

На замшенных ветхих стенах Трубецкого бастиона крупными буквами выбито: "Одет камнем при Екатерине II".

Одет камнем...

Не один он, этот бастион, — и Михаил, на двадцать лет без выхода в четырех стенах, с окном под тремя решетками, выходившими на другую несокрушимую стену, — и Михаил был одет камнем с 1861 года.

И не один Михаил...

Чуть поднять голову, над бастионом пушки. Вот главная, которая бьет в полдень, минута в минуту, без перерыва, с Петра Великого до последнего из царей, и от его отречения до нынешних дней, шестого года революции. Над пушками вышка, мачта и флаг. Ныне — красный.

Вот здесь, где пышно разрослись деревья, за Трубецким бастионом шла стена и внутри. За ней, отделенный каналом, на острове был Алексеевский равелин, откуда людей не выпускали, а выносили или в могилу под чужой фамилией, или в дом сумасшедших. За равелином — опять стена, за стеною Нева.

На эту последнюю стену, шестьдесят один год тому назад, уговорено у нас было с Тулмасовым, что выйдут подкупленные им часовые с веревочной лестницей. На самом же деле, едва мы подъехали ночью в лодке и сверкнули огнем, из двух противоположных кустов раздались два выстрела. Одна пуля предназначена была для меня, но я как раз откинулся назад, доставая свой револьвер, и обе они угодили Петру в голову. Петр, едва не опрокинув лодку, бесшумно скользнул в воду и скрылся в волнах Мне оставалось с удвоенной силой грести к берегу, где в кустах, полумертвые от ужаса, меня ждали Вера и несчастная Марфа...

Как безмятежно сейчас в этом месте плещутся волны, вызванные пробежавшим весело пароходом! Какой смех на том самом берегу, где из-за кустов стреляли в нас подкупленные злодеи!

Красноармейцы купали здесь маленького ручного медведя и купались сами. Смешной медвежонок прыгал на солдата и, пока тот плавал, сидел у него на спине, как обмокшая собачонка. Мои спутники очень смеялись и с большой неохотой поплыли обратно.

— Вот роскошная, вот веселая прогулка! — твердила белокурая девушка, а я не удержался, чтобы ей не сказать:

— Однако место, вокруг которого мы только что оплыли, далеко не веселое! Знаете ли, сударыня, там лучшие и умнейшие люди сидели по двадцати лет...

— Гражданин, — сказал хмуро красноармеец, — у вас старозаветная ориентация говорить про единичные случаи, что они лучшие и заслуженные. Оплот и базис революции — вовсе не отдельные единицы, а сознательность коллективов.

Он был очень молод и важен, этот юноша в чистенькой форме, с розовыми петлицами на груди. Я притворился глухим, что-то промычал и умолк.

На берегу мы расстались друзьями; оба пожали мне руку. Потом белокурая девушка купила у торговки булку и два куска постного сахару и подала мне, краснея:

— Мерси вам за руль, гражданин.

Эту ночь я вовсе не спал. Все, шестьдесят лет тому назад погребенное, продолжало воскресать...

Наутро после ужасной гибели Петра я подал начальству рапорт об исчезновении моего денщика. Его всюду искали и, не найдя, решили, что он утонул в пьяном виде. Для правдоподобности я дал показание о его пристрастии к водке. Мы боялись, что нас выдаст Марфа своим безудержным горем. В ее бессвязных речах о неудавшемся побеге было бы много подозрительного для опытных сыщиков. И, боясь, чтобы не пошла она к месту гибели своего мужа, мы держали ее взаперти, решив в скором времени увезти временно вон из города.

Вера как бы окаменела; глаза стали огромными и потухли. Пусто смотрела она часто в одну точку, и оживление в ней вспыхнуло вновь, только когда приехала из Бессарабии сестра Бейдемана, Виктория, хлопотать через видных родственников о смягчении участи брата.

На другой день после того, как я побывал в лодке у Петропавловской крепости в компании красноармейца и белокурой девушки, я уже не мог не попасть в нее и путем сухопутным.

Часам к трем я дошел до Троицкой площади, оттуда через мост — к Петропавловским воротам. Там руководитель делал перекличку своей экскурсии.

Это все были юные девушки с какого-то завода. Окончив свой рабочий день, они, не заходя домой отдохнуть, пришли сюда и на собственные сбережения наняли себе вольного инструктора, надеясь, как они выражались, что он и покажет "вольней"; у большинства я заметил ныне модные полосатые шарфы с мягкой кисточкой на концах. Когда их кто-то спросил: "Что это у вас всех одинаковые?" — сказали: "А мы их гуртом купили в Пепе".

— Пепо, как и депо, не склоняется, — поправил руководитель и подвел всех к воротам.

— Обратите свое внимание, товарищи, на возглавляющий барельеф. Тут изображен не столько летящий, сколь неблагопристойно, вниз головою, застрявший в воздухе человек. На него указует сбоку мальчик такой чрезмерно длинной рукой, что, если ее опустить, она ему будет до пят. Бывший царь Петр хотел почтить своего ангела, апостола Петра, и приказал выискать какое-нибудь чудо, им содеянное. Чудо выискали в лице неблагопристойно летящего человека, он же — посрамленный апостолом колдун Симон-волхв. Все это не более как преданье и басни в угоду слабоумных и малограмотных.

— Религия — опиум для народа, — сказали две в шарфах.
Руководитель указал дальше на две ниши в воротах.

— В них статуи, языческий бог Марс и супруга его — Венера. — Он прибавил с иронией: — Конечно, Марс тут на месте, по случаю военного учреждения, но Венера — по той причине, что при прежнем буржуазном строе муж, словно каторжный к тачке, был прикован к своей жене, то и в каменном виде поставили ему в нишу Венеру.

— По мифологии муж Венеры — Гефест, а Марс всего-навсего похититель, — сказал, смеясь, какой-то "вузник", приставший к экскурсии. Так что выходит царь Петр поощрял не законную любовь, а именно свободную.

Все засмеялись, а руководитель рассердился.

— Это спорный вопрос, — сказал он с достоинством. Потом вспыхнул: — Которые примазавшись к экскурсии — уходите!

Вузник, посвистывая, отошел, а меня девушки скрыли в рядах, пригрозив, чтоб молчал.

Вошли в собор. Я никогда не любил его нерусскую

104

роскошь. Низкий алтарь в завитках барокко, золотая лестница с нависшей ложей проповедника, царское место под тяжким балдахином, митрополичье — посередине под красным сукном. Колонны до самого верху, как зимними сказочными цветами, усыпаны серебряными венками с похорон царей. Все важные гробницы — серого мрамора, а Александра II символическая — кровавого камня.

В годы самодержавия любили цари в этом соборе проделывать однообразную восточную шутку. Волостных и сельских старшин, приезжавших поздравлять с коронацией, сюда приводили на парадную службу. Вспыхивала огромная хрустальная люстра, ей ответно сверкали серебряные листья несметных венков, брильянты придворных дам и золотая резьба иконостаса. Незримые хоры пели с небес, и, овеянные клубами росного ладана, падали старосты на колени.

Каждый раз царь и царица спрашивали их, как им понравилась служба, и говорили старшины от воцаренья к воцаренью то же самое: "Как в раю побывали, ваше величество!"

Едва ли этот вопрос и ответ не входили и в обязательный коронационный ритуал церемониймейстера двора.

Сейчас собор был не тот. Сняты все венки и свезены в московский музей. Лучшие образа — тоже. Бесприютней могил бедняков на сельском кладбище однообразные мраморные гробницы. Только у императора Павла непонятное стечение народа. Под цветами не видно мрамора, венки из васильков, ноготков и ромашек, неугасимая лампада и паломники — стар и млад. До революции Павел в народе считался святым: одни верили, что помогает он от всякой беды, а другие — что от одной лишь зубной боли.

Я задумался, пока не увидел, что остался один. Экскурсия мигом обежала гробницы. Я заметил, что мужчины, как и раньше, были в церкви без шапок. Но они их сняли еще у ворот, как сейчас догадался, именно для того, чтобы не вышло прежнего оттенка особого уважения к храму. Однако и остаться им в шапках, по-видимому, было тоже неприятно.

Я присоединился к экскурсии под громадным деревом. Все сидели на траве, и руководитель говорил, что как раз здесь было при Петре "плясовое место" — место пыток и наказаний, от которых "плясали". Сажали человека на железного коня с острой спиной, пускали ходить по острым кольям.

Наконец руководитель перешел к тому, ради чего я пришел в это место. Он нас повел тем самым путем, как возили арестованных в черных каретах с зелеными занавесками. В карете сидели с каждым два жандарма и офицер.

Так проезжал тут в 1861 году Михаил Бейдеман — замуровать навеки свою юную жизнь.

Я больше не видел девичьих лиц и слышал руководителя, лишь поскольку мне это было надо, чтобы представить себе, где и как протекали дни заключения Михаила.

Не знаю, как именно везли его: вдоль Екатерининской куртины, как возили поздней Поливанова, или с другой стороны, мимо осевших в землю казарм Анны Иоанновны.

Впрочем, в обоих случаях была процедура одинакова. У низкого дома обер-коменданта карета останавливалась, офицер соскакивал и уходил в подъезд с докладом, а жандармы с арестованным доезжали до серых ворот, где сейчас на их месте — свернувшийся набок фонарь. Но с правой стороны все так же, как и тогда, врастали в небо частые бурые трубы Монетного двора.

Здесь уже угадываются сырые нижние камеры, черный карцер, двойные стены, вся глухая, бесправная гибель. И оттого ли, что так тесно сдвинуты небо и здания, — небо совсем не кажется уходящим вверх безграничным пространством, а низко упавшим, нелегким покровом.

Настоящему руководителю надо бы здесь перебить хохот и шуточки и ожидание легкомысленной молодежи поскорей увидать пошловатые рисуночки каких-то былых охранников, сейчас очень модные в публике...

Я сказал соседкам:

— Вот для того, чтобы вы могли прийти сюда с хохотом после восьмичасового рабочего дня, здесь на всю жизнь замурованы были люди.

Но они, как тщеславные гусята, ничего не поняли и сказали:

— Этого больше не будет, не бойтесь, гражданин, ведь мы опрокинули царский строй!

Я хотел было объяснить руководителю, что, прежде чем показать одиночную камеру, одиночную баню и, как он выражался, "прочее, все одиночное", — надлежит найти слова, какими бы пронять молодежь, слова, какими бы им в глубину сердца ввести само содержание слов: принудительное бессрочное одиночное заключение.

Но я ничего не сказал, я не мог говорить, Я держался за стенку, чтобы не упасть. Волнение подрезало силы, я не мог угнаться за веселой экскурсией.

Посидев с десять минут на подоконнике, я попал в новую

106

компанию. Четыре старые дамы, приехавшие из провинции, наняли себе ветерана-надзирателя, здешнего старожила чуть не со времен Николая I. Я попросил позволения примкнуть, и мы все, соответственно возрасту, побрели черепашьим шагом.

Я был обрадован этой неспешностью, я мог вживаться в протекшую жизнь. Нет, скажу, как в святцах про мучеников, — житие.

Прежде чем впустить сюда, узника долго морили перед последней железной решеткой. Офицер нарочито задерживался у коменданта, чтобы создать арестанту особое нервное состояние. Затем в караульном помещении с него снимали домашнюю одежду и надевали халат.

Старик-надзиратель — богомольного вида, с елеем в мелких чертах. У него есть гордость профессионала, когда он говорит:

— Я стерег заключенных при двух Александрах и при Николае последнем, стерег при Керенском... вот посудите размах времени. А почему уцелел в одном месте? Никому зла не делал, закон исполнял. Прикажут: "Гляди в глазок!" — я и гляжу. Арестант рассердится да в уголок, я его не дразню, отойду. А потом снова. А чтоб Фигнер не стучала соседям, мы ее отсадили промеж двух пустых кладовых, — вот, неугодно ли взглянуть? Она ножкой топнет, а внизу, как с боков, — никого-с!

Он говорил, как добрый дедушка про шалость внучат. Так в римском форуме с добродушным достоинством говорит опытный гид, гордясь перед иностранцами анекдотами древних времен. И как там путешественники, жадные к жестоким волнениям, не стесняясь меня, старика, потные от любопытства, приставали к надзирателю и эти женщины:

— А правда, что бывали тут избиения? А чем вы их тут били, куда?

Надзиратель с неудовольствием отрицал избиения; он стремился отвести внимание дам на заботу начальников:

— Вот, изволите видеть, мы сойдем этой лестничкой в сад, обратите, между прочим, внимание: к перилам приделан сплошной высокий забор — как бы вы думали, на какой именно предмет?

И, наслаждаясь недоумением, со своей стариковской улыбкой он сказал:

— Очень просто, это затем, чтобы политическим убиться не дать. Были случаи, были, — хитрый народ! И кому бы сидеть надо годы, он норовит собственный срок сократить. Очень просто: через лесенку в пролет да на голову.

107

В крохотном садике одиночная баня и несколько деревьев, дорожки чуть отмечаются — заросли.

— В прежнее время песочком тут было посыпано, — с укоризной к нынешним сказал надзиратель. — Напоследок, в военное времечко, царские генералы у нас тут гуляли. Адмиралы посиживали. Ну, у них уже не камера, а по два покоя, кабинет и спальня, а кушанье — свое в три блюда. И супруг допускали. А глядите, на стенке Пуришкевича стихи длинно написаны и подпись: "Владимир Митрофанович, несчастный Пуришкевич, краса и гордость контрреволюции".

Я запомнил две последние строчки его стихов: "Безумья семена дадут вам рабства всходы..."

Дамы алчно кинулись к стенам модной камеры охранника. Она вся в размашистых рисунках из "Нивы": девица в джерси у окошка, рот бантиком; огромный, во всю стену, подробный, как план, вид Люцерна, с отмеченными окнами самых дальних домов. Под видом стих:

Ах, если б мы сюда вернулись снова,
Где были мы столь счастливы с тобой...

Как выйти из Трубецкого бастиона, через несколько шагов влево Васильевские ворота. Через туннель попадаешь в новое место, по уровню много ниже. Здесь через подъемный мост, под которым прорыт был канал, шел треугольником Алексеевский равелин — одноэтажное здание с четырнадцатью небольшими камерами. Туда заключали особо важных преступников. Заведовал им смотритель, и для внутреннего дозора приставлены были стражи. Ключ от каждого номера был у смотрителя, без которого в камеру никто не входил. Днем и ночью смотрел в глазок — узкую щель в дверях — зоркий глаз дежурного. Из неприступного, несокрушимого равелина никто никогда не убежал.

В Алексеевском равелине было так сыро, что в 1873 году, второго октября, двух узников, Михаила и Нечаева, под наблюдением смотрителя Бобкова и караула равелинской команды, из-за угрозы наводнения, каждого порознь перевели в Трубецкой бастион. Там оставались они под наблюдением этих людей до рассвета следующего дня.

Дамы, пошептавшись о чем-то со смотрителем, сунули ему деньги. Сторож молча кивнул головой. Одна дама, обернувшись, сказала мне:

— Дедушка, и вы с нами идите, а то нам, женщинам, одним будет страшно.

Не спрашивая, куда мы пойдем, я молча кивнул головой. Мы спустились обратно в нижний этаж Трубецкого бастиона, вошли в какую-то камеру, и надзиратель захлопнул за нами плотно дверь.

— Посмотрите по часам, чтобы не больше десяти минут, — воскликнула дама.

— Разумеется, — сказала другая, — больше будет, пожалуй, и вредно, а представить себе то, что они испытали, можно и в кратчайший срок.

— Закройте, mesdames, глаза, потом откройте... ах, как интересно испытать, как испытали они!..

Надзиратель обиделся, как честный профессионал, и сказал болтливым дамам:

— А вы, сударыни, помолчите: здесь ни говорить, ни смеяться ни-ни!

Я смерил камеру: десять шагов в длину, пять ширины. Грязно-белый потолок, серые стены — вот и все здесь цвета. В окно за тройной железной решеткой — кусок подступившей грязной стены. Привинчена кровать, привинчен стол, и в стеклянной нише привинчена лампа, чтобы узник не задумал сжечь сам себя. Одежда из мешочного полотна, верхний халатишко. Жидкое, не греющее одеяло...

Все то же самое было и у Михаила в его камере No 2 и позднее No 13, только еще много сырее, чем здесь. Но, по свидетельству там сидевших, звуки у них были слышнее и разнообразнее, нежели тут, отчего мука неволи становится острей; порой доносил ветер музыку Летнего сада.

Что же испытывал Михаил, одетый камнем, когда нараставшие пятилетия вошедшего юношу сделали зрелым и пожилым все в том же заключении: десять аршин длины и пять ширины? И это — при сознании, что всего лишь за двумя стенами течет прекраснейшая многоводная река, по ней идут пароходы через Балтийское море во все части света, что укрепляется берег строениями, что идет накопление разнообразнейших опытов жизни через войны, просвещение и через простой человеческий быт!

Эту богатую, пеструю жизнь изведал не он, а я, его бывший друг и предатель. Да, предатель — ибо человек есть только то, кем он себя сам ощущает. И да свершится надо мной справедливая Немезида!

Пусть читатель, искушенный в классификации явлений психологических, отнесет, соответственно своим познаниям, куда угодно мои дальнейшие сообщения. Я спорить не стану: нервическая ли это расслабленность старости или особое глубокое потрясение всего жизненного моего аппарата, — я слишком знаю то, что я знаю.

По капризу любопытных я пробыл в камере одиночного заключения всего десять минут. Но мука в ней заключенного, но вековая ползучая сырость насквозь пронизали меня — от волос головы до подошв моих распухших ног. Мука этих стен одела камнем. И вне этих стен мне уже не быть. И вот знаю, проведу ли я двадцать лет в этом застенке, незримом глазу, или какие-нибудь два-три года, что мне остается дожить, — я приму целиком заключение Михаила, я изживу его смертельные муки, и впишутся мне они, как ему, тем же полным числом, в мою черную книгу судьбы.

Читатель, свершилось надо мной пророчество предсказательницы m-me де Тэб.

Одетый камнем, как был Михаил в 1861 году, я в 1923-м — становлюсь на его место.

Часть вторая

Глава первая

Черный Врубель

Сергей Русании и Михаил Бейдеман — одно. Я узнал о проницаемости тел, об одержимости личностью другого человека не сразу. Это случилось после того, как я стал сыном матери Михаила, мужем его кратковременной жены. А третье... третье не скажу. Словом, мое устремление к его личности и судьбе заставляет меня порой настолько отождествлять себя с ним, что я не могу вспомнить своего имени и называю его имя.

Так, на той неделе, когда я вышел на рынок за пятью фунтами картофеля, я почувствовал головокружение и должен был сесть на паперть той большой церкви, где в семнадцатом году на колокольне обнаружен был пулемет и взамен его водружен красный флаг. Я сам не помнил, но Ивану Потапычу говорили те, кто меня свел в лечебницу душевнобольных, будто я там просидел с мешком недвижимо до вечера, чем и вызвал участие всех торговцев. Русский человек, как известно, настолько же добродушен, насколько жесток. Торговки накормили меня и хотели водворить домой, но я твердо заявил им, что дома никакого не имею, ибо сегодня лишь утром выпущен из Алексеевского равелина Петропавловской крепости. А в равелине я будто сидел со времен царевича Алексея Петровича и неустанно ловил мышей с ножек княжны Таракановой. Она очень долго, несмотря на смертельную опасность, ей угрожавшую, сохраняла свою наивную женственность и не столько пугалась подымавшейся в ее камере воды, сколько мышей, в изобилии прыгавших на красный бархат ее бального платья.

О лечебнице душевнобольных я хорошо помню все. На вопрос старшего врача о том, кто я такой, я немедленно вызвал в памяти самый эффектный момент из жизни Михаила и, подняв плечи, легкой походкой прошел в дальний угол, как бы приглашая на контрданс Веру Лагутину. Поклонившись с достоинством, я отрекомендовался из угла:

— Михаил Бейдеман, юнкер третьего корпуса Константиновского училища.

111

И еще прибавил:

— Vaut mieux tard jamais![16]

Последнее изречение должно было означать, что я желаю исправить с самого начала все вины перед другом, начиная с зависти к его прекрасной внешности.

Старший врач и помощники, конечно, полезные граждане, но они — лишь рабочие муравьи и ходят по своей линии. Они зарегистрировали меня сумасшедшим и приказали посадить меня в ванну. Но прочие, так называемые больные, меня отлично поняли и с одобрением мне аплодировали.

А горячо мною любимый художник Врубель, принявший образ какого-то верзилы с черной бородой, подошел ко мне и сказал:

— Из видов окончательного освобождения, о котором я узнал из своей последней работы — портрета Валерия Брюсова, теперь я таков. Но я вижу: меня вы признали, а значит, достойны, чтобы я разъяснил вам одну картину. Уединимся вечерком.

Я доволен, что неделю провел с сумасшедшими. И раньше я подозревал, что и здесь, как над каждою вещью в земном обиходе, этикетки все перепутаны, и эти сумасшедшие — самые свободные из людей. Они сбросили маску. Ведь все дело — в преодолении пространства. Люди в масках движутся вперед по прямой, а мы, как крабы... впрочем, этого я не смею открыть, разве что намекнуть.

Проницаемость тел, одержимость другими начинается так: левый локоть под углом в 45 градусов... как кинжал. И пятками сейчас же в его пятки, а теменем в темя. Так у меня всегда с Михаилом, следствие — легкая дурнота.

Оказывается, Врубель с чернобородым верзилой сделал то же. Он рассказал мне это в тот же вечер, вскрывая причину принятия нового образа. Но об этом немного поздней, сейчас мне надо идти только вперед по прямой линии и, чтобы читателю было понятно, продолжать повесть обыденным способом передачи: предложением главным, от придаточного отделяемым скромною запятой.

Кроме продолжительных бесед с художником о вещах, понятных нам обоим, но вызывавших улыбку у старшего врача, странного в моем поведении ничего не нашли. К тому же на третий день я надел маску и, извиняясь за причиненное мной беспокойство врачебному персоналу, вежливо попросился домой, предполагая у Ивана Потапыча и у славных девочек

---

[16] Лучше поздно, чем никогда! (фр.)

112

тревогу по причине моего исчезновения. Я только отвечал на вопросы, дал телефон Ивана Потапыча. Сейчас он сторожем в Центросоюзе и, по ориентации на полнейшее равноправие в наши дни, имеет возможность говорить и слушать по телефону учреждения, как самый его главный товарищ начальник. Иван Потапыч не замедлил явиться. Он обрадовался мне, как родному, и тут же подарил антоновское яблоко, по своей обстоятельности прибавив, что в этом году яблоки дешевле огурцов.

Старший врач отпустил меня с Потапычем, наказав ему не выпускать меня вовсе из дому.

— Кровоизлияние в мозг, — сказал он, — может повториться, и старик, чего доброго, попадет под трамвай.

Я хотел было возразить доктору, что снимать маску я могу по собственной воле и в любой момент, так что этот способ расширения сознания совсем неосновательно называть почему-то кровоизлиянием в мозг... Но я ничего не сказал. Они в своих куцых знаниях упорны и посадили бы меня снова в ванну. Мне же сильно хотелось домой — чайку выпить с яблочком и записать необычайное открытие Врубеля, важное для каждого и для всех.

Однако продолжать будем по порядку, чтобы читателю стало понятно, как человек перестает быть "одетым камнем".

Первое доказательство взаимообщения через мысль, презирающее пространство и время, что в грядущем попадет в графу математических исчислений, а по модности обучения сменит ритмику, испытал я, идя навстречу событиям, еще в 1863 году осенью, когда я вез матушку Бейдемана в Крым.

После неудавшейся детской попытки освободить Михаила, жертвою чего погиб Петр, матушка внезапно пала силами, но не духом. Чувствуя, что болезнь ее (острое расстройство сердечной деятельности) значительно ухудшилась, она объявила нам, что должна торопиться прибегнуть к последнему средству: самолично молить государя о помиловании. Чувствуя к этой женщине искреннюю сыновнюю привязанность, я не мог отпустить ее одну и, взяв краткий отпуск, поехал с ней вместе.

Матушка Михаила заболела. Мы должны были остановиться в дрянном городишке, в гостинице.

Здесь и произошло...

Как много можно узнать от человека умирающего, если этому человеку есть что сказать. Ведь все, что равняет нас друг с другом или создает преимущества в смысле образования, savoir vivre[17] и прочих, как сейчас принято говорить, "культурных ценностей", все это отходит перед лицом смерти, как к ней ни отнестись — величайшей из тайн.

При человеке неотъемлемой до конца остается лишь емкость его собственной души. И вот в душе этой умирающей женщины горел целый мир.

Когда после одного особо острого припадка она поняла, что до Крыма ей не доехать, во всем существе ее изобразилась нечеловеческая мука. Но в одиночестве, собрав силы, она скоро овладела собой. У нее не было обычной женской религиозности, хватающейся за духовника, но доверие к великому разуму и добру, к которым идет мир, несмотря на горести жизни, было так сильно, что давало ей совершенную организованность для себя и любовь материнскую и покрывающую для каждого, кто подходил.

Малоречивая и, как внутренно собранный человек, невольно внимательная к малейшей расшатанности другого, матушка, в светлые промежутки между страданиями, своими простыми вопросами, из которых ни одного не оказалось пустого, как бы принудила меня сделать итоги всему тому, что я продумал и прочувствовал до сих пор. У нее было особое умение помогать и давать, не навязывая...

В знаменательных разговорах Гретхен и Фауста не те ли качества, столь пленительные в существе невинном и мудром, открываются много испытавшему скептику?

Сколько бы жены ни обрезали волос, ни дымили папиросами, беря себя руками в бок, и ни писали трактатов хотя бы не хуже мужчины, — только от этого особого их достоинства, от любви материнской и покрывающей, будет жив и прекрасен весь мир. Был и будет!

Эта замученная горем, умирающая старая женщина в то же время была как артист, которого день-деньской заставили таскать тяжелые камни и лишь к вечеру освободили для любимого дела.

Музыкальность и гармония — основы высокой души — сообщили невыразимую нежность ее уходящему внутреннему существу.

— Стеша! — совсем перед кончиной сказала матушка убиравшей девушке, указывая при этом на принесенный ей голубой чайник кипятку. — Стеша, заткни ему носик чистой ваткой. Сережа придет — чай остынет, а я вдруг помру и уже не напомню тебе, чтобы согрела.

---

[17] умения жить (фр.)

Но, к счастью, я поспел вовремя...

Какой земной последней радостью озарилось ее уже отрешенное от желаний лицо, когда я вошел! Торопясь, что не успеет, сняла она с шеи ключик и указала мне подать ей ореховую шкатулку. Я открыл; она передала мне твердой бумаги серый конверт с надписью: "Ларисе Полыновой".

— Эта женщина Михаила любила, она сделает то, чего я не смогла... Ее в Ялте знают, она близка ко Двору.

После этого матушка закрыла глаза. С каждой минутой дыхание ее становилось порывистей, и сердце трепетало так сильно, что ослепительно белая кофточка вздрагивала. Лежать она не могла. С высоко приподнятой головой раскрыла навстречу широкому окну свои вдруг помолодевшие ярко-синие глаза.

Был закат, и пурпуром охвачено небо. На нем большое, тяжелое, как бы дымное солнце. Внезапно до острой боли припомнился мне тот незабвенный закат в день производства, когда я побежал по двору училища вслед Михаилу. Сходство довершали десятки нестерпимо сверкавших стекол больших домов нашей улицы.

"Что с Михаилом? Чувствует ли он, что его мать умирает?"

В эту минуту матушка еще приподнялась на кровати и, как бы потянувшись вслед заходящему солнцу, сказала мне тихо, но ясно:

— Сережа, пойдем к сыну моему Михаилу!

Она протянула мне обе руки и взяла их крепко в свои.

На другой день я очнулся в постели в своем номере, и доктор, считавший мой пульс, предупредив, чтобы я не вздумал вставать и волноваться, рассказал мне, что вчера после заката, часов около восьми, меня нашли без чувств на кресле около старушки Бейдеман. Уже мертвая, она не выпускала моих рук из своих. Меня высвободили с трудом.

Я не расспрашивал о подробностях. Но и про себя я не рассказывал им всей правды. Но сейчас расскажу.

Едва матушка взяла мои руки в свои, солнце внезапно зашло, и наступило странное освещение, как бы без источника света, какое бывает только во сне.

Я увидал себя с нею в лодке и почему-то бешено стал грести. Мы мгновенно перерезали Неву поперек и подошли к Невским воротам Петропавловской крепости. Я было подумал: "Почему мы не входим Петропавловскими воротами, как обычно?" Но матушка махнула в том направлении легкой ручкой, и я увидел толпы людей вдоль валов. Через них нам с суши было не пройти. Новгородцы, олонецкие и петербургские крестьяне копошились по пояс в воде. Лишенные необходимейших инструментов и тачек, они рыли землю руками и, вместо мешков, подолами собственных рубах таскали ее на валы. Они были мертвенно бледны, с огромными белыми глазами. Их желтые длинные зубы стучали от холода. Мне стало их страшно жаль, но тут же я понял, что мы с матушкой незримы, хотя сами видим хорошо, иначе как могли бы нас не заметить два парадных кортежа: с левой стороны, в Екатерининской беседке, Екатерина I с штатом своих фрейлин, а с правой — сам великий царь Петр, входящий с приближенными на колокольню послушать игру курантов.

Тому, что я вижу людей, давно уже умерших, я не дивился нимало: ведь они, как и я, были во времени, а время что? Время — фикция.

Царь Петр с придворными сошел вниз и, соединившись на "плясовом месте" с двором Екатерины, шутя с хорошенькой фрейлиной, направил размашистые шаги к домику дедушки русского флота. Когда мы подошли к железной решетке Трубецкого бастиона, вдруг, заломив над бледной головой высоко руки, упала перед матушкой на колени княжна Тараканова. Прекрасная ее нагота была чуть прикрыта драгоценным кружевом и обрывком древнего истлевшего бархата. Матушка положила ей легкую руку на голову, будто игуменья, мимоходом дающая отпуск провинившейся послушнице, и мы прошли далее. Царевич же Алексей, не подходя близко, осторожными шагами крался поодаль. Вобрав в плечи длинную узколобую голову, он недобрыми глазами воззрился нам вслед. Мы шли между Монетным двором и Трубецким бастионом. В глубине дорогу преградили ворота; не знаю как, но мы сквозь них прошли, хотя калитка была заперта. Налево зачернели другие ворота, в Алексеевский равелин. Они открылись сами собой, будто чудовищный рот зевнул. Мы вошли под свод крепостной стены, перешли через канал с черной водой. В треугольном одноэтажном здании горел свет.

Перед последней калиткой вдруг выросли две фигуры. Высокий, в пальто военного врача, бормотал гробовым голосом:

— Я старик, и голова у меня поседела на службе, а я не помню, чтобы отсюда куда-нибудь увозили иначе, как на кладбище или в дом сумасшедших! — выкрикнул и отвратительно захохотал.

Бедная матушка как бы в отчаянии закрыла руками лицо, но я, обнадеживая ее, сказал:

116

— Это нас не касается, это слова грубого, недостойного своего человеколюбивого звания врача, некоего Вильмса, тюремного доктора, жестокие слова, брошенные им некогда народовольцам.

Вероятно, как в Дантовых адских кругах, здесь каждый таким, как он есть, застывает в своем преступлении.

— Пришли — так входите! — яростно крикнул нам другой омерзительный призрак и, подняв тяжелую руку, как будто для удара, вдруг опустив ее, быстро зашевелил короткими, словно обрубленными пальцами. Глаза его, бутылочного тусклого цвета, навыкате, не мигая, смотрели на нас, как глаза гнусного пресмыкающегося. Они застыли с выражением тупой и холодной жестокости.

— Соколов, — узнал я тюремщика, — ведите нас к Бейдеману!

— Есть пропуск — пущу, нет — самих посажу, — начал было Соколов, но вдруг снизилась с неба, тяжелого, как литая эмаль, голубая луна.

Луна нас покрыла.

•••

Едва ноги мои коснулись пола камеры Михаила, моим первым невольным движением было оглянуться, чтобы понять, как мне выйти обратно. Стекла были матовые, и на них лежали черными полосами тени перекладин решетки. Стены были страшно сырые. Они на аршин от пола, казалось, обтянуты были черным бархатом. Я тронул пальцем и раздавил противную черно-зеленую плесень.

Налево была огромная изразцовая печь с топкой из коридора, у другой стены — старая деревянная кровать. Около нее на полу кто-то лежал без чувств.

"Михаил", — подумал я и хотел к нему кинуться, но матушка вдруг отдернула меня в угол, отдаленнейший от дверей, и вовремя. Покрышка над глазком поднялась, и кто-то глянул в него. Громыхнул запор, и в сопровождении Соколова и сторожей вошел доктор. Сторожа подняли того, кто лежал, с полу. Лицо его было сине-багровое, шея туго затянута полотенцем, привязанным к спинке кровати. Доктор стал делать искусственное дыхание, сняв петлю с шеи. Изо рта и носа хлынула кровь. Лицо из багрового стало как мел.

Я узнал Михаила. Он так похудел, что обозначились скулы, а тонкий нос с горбинкой обтянут был желтой кожей покойника. Глаза, не прежние, сверкавшие гордой силой, а

117

глаза затравленного, угасающего в муке, с робкой надеждой смотрели перед собой.

— Я умер? — спросил он. — Значит, мне, удалось?

— Удалось сойти с ума! — ответил грубо доктор. — Отобрать у него полотенце и простыни, чтобы он снова не вздумал...

Сторожа сдернули простыни, Михаил привстал. Глаза его бешено засверкали; казалось, что сейчас он выкинет чрезвычайное. В этот миг матушка, протянув ему обе руки, двинулась к нему из угла.

— Матушка, наконец-то! — И Михаил, не в силах сдержать радость, несмотря на присутствие сторожа, зарыдал, как дитя.

— И без смирительной рубахи засмирел, ишь плачет... — сказал сторож.

— Ослабел, ночь обойдется без буйства, — решил врач и вышел, сопровождаемый сторожами, уносившими простыни и полотенце.

Опять загремел запор запираемой двери. Отвратительная светильня, распуская страшный чад, слабо озаряла изможденное, бессильное тело распростертого на грязном соломенном матраце. Горели безумные глаза, слезы текли по бескровным щекам, и слышался лепет частый и однообразный, как маятник:

— Матушка, выведи меня, матушка, я погибаю...

— Сергей Петрович, что это ты? Никак сонный пишешь, — потряс меня за плечи Иван Потапыч. — Чайку выпей.

Я очнулся. Тихо у нас. Девочки уже спят. Выпил с Потапычем чаю. Потапыч полез на диван. А я, когда все уснут, стелюсь на полу.

— Электричество не забудь, — говорит мне Потапыч, — оно с улицы видать, донесут управдому-то, нас и выключат.

Задернул окно старым ковром. Перечел я написанное. Спросят: что правда, а что мне привиделось? А пусть раньше определит мне любопытствующий сам: что считать надо правдой? То ли, что случается с человеком, не борозди ему душу и малейшею бороздою, или то, что он, едва лишь помыслит случившимся, запоминает навеки как самонужнейшую, как светлую правду?

Или правда лишь то, что можно ощупать? Извольте: такою правдою был толстый серый конверт с письмом матушки Михаила к Ларисе Полыновой, на которую была надежда, что довершит она дело с просьбой к царю.

А чернобородый верзила, рекомендовавшийся Врубелем, пожалуй, мечтанье. Но, как известно, мечтаньем открыта Америка, да не одна она...

Глава вторая

Козий бог

Я давно не писал. Отбывал Михайловы муки. Был одет камнем, как Трубецкой бастион. Во мне были камеры, и сам я был в камере заключен. А Иван Потапыч денно и нощно кричал:

— Не смей лазить в шкап, отвезу в сумасшедший! Надоел как попугай, до того, что сегодня я опять стал во времени, надел маску и взялся за перо. Люди пугаются больше всего, когда отменяется время...

К Ивану Потапычу сегодня пришел доктор, говорил со мной, но я безмолвствовал. Доктор говорил Ивану Потапычу, что сейчас замечается новое помешательство в связи с перестановкой часов. Людям вдруг страшно, будто последнего кита выдернули. Какую-то Агафью Матвеевну свезли на днях в тихое отделение. Есть-пить перестала.

— Почему именно, — говорит, — я знаю, куда пища и питье пойдут дальше! Сейчас ничему нельзя верить — уж ежели и часы фальшивят.

А про себя вот что заметил: когда смешиваются у меня в памяти сроки, когда сквозным ощущаю непроницаемое, то, выйдя из камеры Михаила, ну, хотя бы на прогулку в треугольном садике равелина, я не хожу уже, как все люди, а подлетываю.

С каждым днем все лучше, все выше. Почти как тяжелый мякинный воробей, могу вспорхнуть уже на печку.

Вот своего лёта боюсь.

Иван Потапыч сейчас сознательный человек, ни живой, ни мертвой церкви не признает, а неблаголепия не спустит. Вдруг на печке в моем-то возрасте... и вообще, как ему после этого перед знакомыми быть? Но уходить раньше срока мне из дома не хочется: остается опять признать балласт дней и месяцев и осесть в плоскодонное.

Иван Потапыч верно отметил: перо и чернила меня, как няньки, ведут по гладкому... Ну, а уж я поведу свою повесть далее...

Я только ранней весной мог выполнить поручение матушки. Получив опять краткий отпуск, нигде не задерживаясь, я мчался в Ялту на поиски Ларисы Полыновой. Серый толстый конверт был у меня на груди. Я нашел дачу ее

119

без труда. Ларису знал весь город. Почему-то я ожидал нечто вроде идейной девицы, стриженой и для меня не интересной, но оказалось наоборот...

Золотой дождь и густо-розовые цветы иудина дерева, как сейчас вижу, покрывали все склоны гор могучим расцветом, так что закаты казались потухшими. Все, что таилось в природе красок, было вызвано к жизни этим буйным цветением земли. Темный блестящий плющ, как змей, оползал вокруг огромных камней, а гроздья нежных глициний лиловели на его твердых листах. Кругом горели розы — оранжево-розовые, как внутренность больших раковин Средиземного моря, и пурпурные, и белые. Розы гордо качались в садах, взбегали на крыши, свисали над открытыми окнами, ткали на белых стенах нежнейших нюансов гобелены.

Весь город был корзиною роз. В общественных парках, по главным аллеям, высоко вознесенные на поперечных шестах, с восходом солнца уже сверкали они брильянтами еще не испарившейся росы и поили воздух запахом свежего чая. Две ночи я не спал, а бродил по горам, как безумец. Наконец мне показалось глупым не понимать того, что со мной случилось, и я понял.

Едва я увидел Ларису, я в нее влюбился. И если у нее был роман с Михаилом, то будет и со мной. Если с Михаилом были одни разговоры и лунная ночь, то же будет и со мной.

Какое взаимоотношение между этими условиями? Спросят — не умею объяснить, но угадано было верно.

Узнать окончательно и самое тайное про человека, можно, только сойдясь в той же мере близости, в какой бывал он с одним из выбранных им себе дополнений. Это одинаково по отношению к мужчинам и к женщинам.

Через Ларису мне откроется, почему от личной любви бежал Михаил. На каком горне судьбы ковалась его революционная воля? Ведь из одних глубоко личных причин куются даже достоинства и недостатки, ставшие достоянием человечества...

Но мне было не до философий. В краткосрочный отпуск, с лапидарностью древних времен, надлежало мне: прийти, увидеть, победить.

И, хотя Лариса Полынова была молодая вдова с репутацией доступной ялтинской дамы, я был немало смущен и далеко в себе не уверен. За городом, у подножия гор, вблизи старинной крепости генуэзцев, у нее была своя дачка. Лариса была богата и, не считаясь с общественным мнением, жила по тем временам с поражавшей всех независимостью.

Спервоначала я принял ее за прислугу, когда, подъехав верхом к ее даче, указанной мне первым встречным, я спрыгнул с коня и, не зная, где его привязать, обратился с вопросом к девушке, обвязанной по-украински платочком, в вышитой белой рубахе и темной юбке, возившейся с лейкой у гряд:

— Куда, милая, деть мне коня и где ваша барыня, госпожа Полынова?

— Коня привяжите к забору, здесь воров нет, а барыня я, точно, себе сама и есть.

И она засмеялась, освещая улыбкой лицо, такое необычайное, что я не понял, красиво оно или нет.

— Я — Лариса Полынова, войдите.

Дом был непохож на обычную дачную игрушку; выстроенный из красивого кирпича в стиле английского коттеджа, он был прост и удобен. В библиотечных шкафах много книг.

Горничная, подтянутая на петербургский манер, принесла мне кофе. Хозяйка, ничуть не меняя костюма, только вымыла руки, которые были в земле, вошла вслед за мной и спросила меня с прелестной естественностью:

— Вы ко мне от кого-нибудь с поручением?

— Вы угадали: я привез вам письмо.

Я вдруг почувствовал самолюбивое раздражение, которое испытывает мужчина от совершенной натуральности красивой женщины, которая позволяет себе в его присутствии продолжать свою жизнь, не вводя в нее ни малейшего волнения, которое — бессознательно считает он — должно бы было в ней вызвать его появление... Она же проходит сквозь вас, как сквозь пустое пространство.

Лариса смотрела на меня спокойно своими серыми, по-калмыцки приподнятыми глазами. Черты лица были некрупны, приятны, кожа ослепительно бела, и темно-рыжие волосы, с которых снят был платок, словно пронизанные солнцем, задержали в себе его блеск. Они, как у девушки, ниспадали до колен пышно густой косой. Поражала она и фигурой, подобной Тициановой Магдалине, крупной, здоровой, с выражением свободы и покоя в каждом движении.

И вдруг мне стало приятно разбить этот покой, сказав ей прямо в упор, подавая письмо:

— Вот вам от покойной матушки Михаила Бейдемана с мольбой взять на себя хлопотать об ее несчастном сыне. Он четвертый год как томится в каземате.

Лариса не изменилась в лице и продолжала с тем же спокойствием ждать, что я скажу ей еще.

121

Я подумал, что она не поняла моей речи, и воскликнул:

— Письмо от матери Бейдемана! Вы не можете не помнить ее сына, ведь вы же любили его...

У нее дрогнули брови, медлительно она покраснела, взяла письмо из моих рук, стала прямая и важная, позвонила. Вошла петербургская горничная, приносившая мне кофе, к которому я не поспел и притронуться.

— Маша, вы отвяжете коня от забора и покажете поручику, как короче проехать в город.

И, не дав мне выговорить что-либо, чуть склонив голову, ушла с письмом в свою комнату. Я же глупо пошел вслед за горничной.

Еще вторая глава

Я бродил по горам, не находя себе места. Все мной пережитое: безнадежная любовь к Вере, влечение дружбы и ненависть к Михаилу казались мне занимательной, но уже прочитанной книгой. Впервые сейчас я понял, что молод, что передо мной — вся жизнь неизведанных собственных радостей и своих страданий. Для чего, в самом деле, как отжившему и бесстрастному старику, мне жить не своей, а чужой судьбой?

Мое обещание матери Михаила было исполнено. Я письмо передал? Но женщина, интересная мне доселе лишь как разгадка чуждой мне психологии друга, внезапно стала завлекательной сама по себе. И вот бестактным напоминанием о бывшей любви я сразу испортил отношения с ней и был ею изгнан из дома. Впрочем, не этим ли меня раздражившим поступком воспламенила она все сложные взрывчатые вещества, из которых образуется страсть?

Все мои прогулки, откуда бы я их ни начал с утра, приводили меня к одному и тому же месту — развалинам Генуэзской крепости. Дня два окна в доме были закрыты, ее не было. Но вот все окна открылись, на рояле играли Шопена. Играли прескверно: с задержкой, с шумливой страстью. Я, помню, обрадовался, подумав: "Если это она, я тотчас ее разлюблю и буду снова свободен". Но играла не она. Ее, как и первый раз, я опять не узнал, хотя, когда она мне сказала, смеясь: "Здравствуйте!" — оказалось, что стояла она совсем близко на камнях. На ней были татарские шаровары и куртка, в руке альпийская палка и кожаный саквояж. Она, как будто между нами не вышло ничего неприятного, смотрела приветливо на меня.

122

— Куда вы идете? — осмелился я.

— Я иду к старому чабану, моему приятелю, несу ему разного зелья. У нас уговор: я хожу к нему каждое лето.

Я не знаю, как мог ей сказать:

— Возьмите меня с собой!

Она чуть подумала, медленно обмерила меня взглядом и сказала:

— Ну, хорошо, с одним условием: вы будете всю дорогу молчать. Я терпеть не могу с болтовней ходить в горы.

— Я стану глухонемым, — обещался я.

— Довольно только немым до козьей сторожки, там вы можете говорить.

Я взял у нее из рук чемоданчик, и мы пошли.

Сначала тропинка была некрутая. Справа синее море, слева цеплялся за ноги кривой кизил, цвели ломонос и шиповник... Серые скалы были навалены друг на друга, будто с силой брошены великанами из-за главного хребта огромной крутой горы, похожей на верблюда, поджавшего ноги. Растения встречались с душистыми листьями, и серебряной пылью подернуты были цветы из семьи эдельвейсов. Гора, похожая на верблюда, поросла небольшими колченогими соснами.

И сейчас вижу я, как странно они закрутились много раз вокруг своих же стволов, с облупленной вовсе корой, совсем серо-лиловые.

Иные, горбылями изогнув всю середину, будто червь-землемер, вершиной уперлись в камни, разметывая по скалам и шишки и темные ветви. Меня эти перекрученные жилистые сосны наполнили романтической грезой, и, памятуя Дантову песню, которую, по настоянию тетушки, графини Кушиной, я хорошо изучил и очень любил, как дающую воображению пищу, я, забыв обещание немоты, вдруг воскликнул, указывая Ларисе на горбыли сосны;

— Это — непокорные калеки адского круга, это — закрепленные в дереве души самоубийц!

— Ну вот, начинаете, — с непритворной досадой, как просыпаясь от сладкого сна, сказала Лариса. — Бросьте книжки из головы, да и мысли впридачу. Вы здесь ничего не поймете, если будете думать... Или хоть мне не мешайте.

— Простите, я не буду, — сказал я, — я люблю сам природу...

Я знал, что сказал глупо, но мне было все равно. Я вдруг перестал чувствовать близко Ларису. Пропала острота ее существа. Мне теперь только казалось, что я ее знаю бесконечно давно, что мы родные, что мы возвращаемся вместе, как дети, на родину.

Мы шли без конца. Под самым верхним хребтом горы, как замки зубцами своих бойниц, вырезывали легкое синее небо. Между бойницами окаменелые залегли навеки какие-то чудные ящеры и драконы. С самого верха скакали вниз по камням, будто мальчишки, разогнавшись в лошадки, веселые буйные ручейки. Было и освежающе и знойно. И чудилось, когда вошли мы в глубокое изумрудно-сумеречное ущелье" что это — вход в жизненную грудь земли. Мы присели на скалу, и, охваченный духовитостью трав, я сказал:

— О, если б обратно в мать-землю, в ее темные недра, и не думать, не знать и не чувствовать...

— Это на вас действует козий бог, — сказала Лариса, — тут всё его... Но молчите, молчите.

Лариса сидела тяжелая. Лицо ее со странно застывшей улыбкой было как лица архаических статуй, чьи изображения меня так особенно волновали в музее. Сама богиня земли была предо мной, и от нее шла ко мне сила, текущая, ровная, как полуденный зной.

— Идем выше, — сказала она, встала и опять пошла безмолвно вперед. Я за ней.

Куда мы сейчас забрались, казалось, еще не ступала нога человека. Великолепие цветущей травы, диких ирисов и гвоздики не было примято и дыханием ветерка. Солнце слабело. Все быстрей шел таинственный обмен красок между небом и соснами. Густые сосны жадно вбирали в себя синий покров и одевались им, как венчальной фатой.

— Вот и козья сторожка, — сказала Лариса, — я вам возвращаю дар слова.

Все еще вторая глава

(Заметка о дюжине и об единице)

Только сейчас, через полвека, когда черный Врубель объяснил самое нужное для всех людей, я понял всю бессмыслицу, которая случилась со мной в козьей сторожке. Для всякого — два выхода, только два, все прочее обстоятельства второстепенные.

Вот слушайте: есть древняя мелкоглавая церковь вблизи сумасшедшего дома, где впервые сидел черный Врубель, объявив за литургией, что в этой церкви хозяин он, ибо сам же

124

ее расписал. Было митрополичье служение, а он, столкнув с амвона владыку, встал на его место сам. Но ведь это чистая, правда, что наверху, на коробовом своде хор, есть его картина — откровение всем. Он учил меня, как ее надо смотреть, чтобы вышло...

К заходу солнца по лестничке скоро взбежать, озираясь в пролеты сквозь узкое оконце, чтобы поспеть назад вовремя. Вдруг зажмуриться и вдруг глянуть на безбородого молодого пророка, на того, у кого уже глаза демона... он готов к полету, как тот, кто разбился в падении, развеяв о скалы павлинье перо.

Над пророком двенадцать. Сидят плотно, твердо оперев две босые ноги на квадраты ковра. Сидят на деревянной скамье, огибающей внутренний купол. Кисти рук исполнены дивной жизни: лежат ли на коленях, как у старого справа, прижаты ли к груди или чуть воздеты.

Руки и ноги держат тела. Не будь их яростной силы, тела бесновато закорчились бы на квадратном полу.

Черный Врубель держал предо мною большую фототипию с той картины и раскрывал мне ее тайный смысл под гогот непосвященных. Он делал руками поочередно, как каждый из двенадцати.

— Люди думают, им нет числа. Им число есть. Двенадцать. И все, как солдаты по роду оружия, по этим вехам: Петровы выхватят меч; Иоанновы, безмолвствуя, знают; от Фомы не устают влагать перст. Все, что рассеяно мелочами во всех, отстоялось в двенадцати. Найди своего, встань, как он. Руки легонько сложи, чтобы их не знать, глаза закрой, и вся сила в точку: стой, солнце!..

Оно ударит последним лучом на картину, нестерпимый свет заструится... двести тысяч свечей. Хе-хе... Электрификация центров. А вы думали? Невинный образ на стене для молящихся? И кто это? Такой-то художник, как Врубель. Чтобы вам всласть плакать и каяться... да, черта с два! Завуалировано от дураков. И под покровом Изиды одному показалось ведь пусто...

А в газете читали? Отличнейшая передовица; я выписал слово в слово:

"Мы стоим у порога разрешения задачи передачи на расстояние энергии без проводов".

Так вот-с: некая энергия без проводов может заструиться на каждого, как там, на стенке, желтым лучом, с утолщением в виде шелковичного кокона... А наивно обнесенные вокруг голов венчики — фиговый лист. Ибо можно увидеть, можно

125

услышать, можно узнать, чего обычно не знают! Но вывод делает каждый сам: расточить себя, как двенадцать, или собрать себя, как один.

Мы держали в руках фототипию, пока не стало заходить солнце. Пора.

Вдруг, глянув в окно, шепнул черный Врубель:

— Последний луч принять в себя, им, как багром, зацепить солнце, солнцу не дать зайти. Остановим солнце для мировой эле-ктри-фи-ка-ции! Всем, всем, всем!

Художник вскочил на кровать и залаял; я, помнится, ему лаял вслед, считая лай заклинаньем. Но кругом нас завыли. Увы! — опыт был опять преждевременный. Солнце зашло.

— Опыт с солнцем отменяется, — кричал в коридорах художник, когда нас обоих влекли в буйную.

Вот тогда-то, повернувшись ко мне, он и решил:

— Сперва единичный пример, мы призваны оба, оба!

И, подняв два указательных костлявых пальца кверху, он крикнул на весь коридор:

— Две единицы!

А в козьей сторожке, под властью козьего бога, я было сбился в числе. Единица — захотел подешевле прожить, стать из двенадцати, включиться в двенадцать.

Козий бог — страшный путаник.

Его капище

Мне Лариса сказала:

— Вы любите чувствовать по книжке, как давеча с кручеными стволами; так я же вам покажу...

Она взяла меня за руку и повела к каким-то постройкам циклопов.

Огромные белые камни навалены друг на друга. Каменным поясом-стеной охватили черный утоптанный круг. Посредине три жбана. На жбанах чабаны. Свисают с боков шаровары в густых, словно кожаных сборах. На бронзовых лицах этих людей, все лето живущих в горах, покой окружающей природы. Но вот они запели гортанно, чуть-чуть качаясь. У них была та же улыбка древних бездумных предков, что на лице у Ларисы.

— Песнь козьему богу, — шепнула она. — Они просят обильного удоя.

Перед узенькой дверцей толпились несметные козы, рвались доиться. Девичьи большие глаза полны крупных слез, бородки трясутся от мемеканья, громадное вымя напряглось и

126

торчало. Татарин, низавший на толстую нитку бараньи шкурки для просушки, вдруг гикнул разбойничьим гиком и поднял заслон у ограды.

Козы втиснулись, чабаны рванулись со жбанов, схватили коз за хвосты, развели им тонкие розовые ножки, посадили перед собою. Черными цепкими пальцами дернули за сосцы, будто пробуя инструмент, и вдруг, стиснув вымя, по горному обычаю, вытиснули из него разом все молоко. Подоенную козу татарин хлопал по пыльному заду, сгонял и сажал пред собой другую. Удой был обильный, все козы здоровы. Чабаны пели хвалебные песни козьему богу.

Козы перекликались человеческими голосами, смотрели девичьим кротким взором, а люди с улыбкой древнего предка, с глазами без мысли пели песнь козьему богу.

Я припал головою к камню. Он был как колени матери. Надо мною ласковым звездным покровом держалось небо. Кругом горы: каждая в собственной думе, с окаменелыми замками, зверями и бойницами стерегла, охраняла пастбища козьего бога и густые отары овец.

Вдруг Лариса взяла меня за руку, провела за камни и, подведя к обрыву, отвесно возникавшему с глубокого дна ущелья, сказала:

— Бросьте вниз камень!

Я бросил. Лишь через долгий миг глухой звук мне отметил падение.

— Вот в этом месте чуть было однажды не совершилось кровавой жертвы козьему богу, — сказала Лариса, — но козий бог крови не любит. Старый чабан-ведун поспел вовремя: только он да козы умеют ходить по откосу. На мое счастье, он поспел вовремя...

— Почему на ваше? Разве жертвой были вы?

— Да, меня бросил сюда в припадке дьявольской гордости тот, кто меня побоялся любить...

— Михаил Бейдеман! — со злобой окончил я, и вдруг, полный мести к нему за отнятую любовь Веры и сейчас за возникшую тень его между мною и новой любовью, я сказал в бешенстве:

— Так знайте ж, каков он! Он такой же звездной ночью другой женщине, которую любить не боялся, рассказал про этот случай с вами...

Лариса молчала. Стало очень темно. Я не видел ее лица, но я знал ее рядом: тяжелую, плотную, со страшным каменным лицом.

Когда она заговорила, как всегда, ее голос был прост и ровен.

— А как вы-то узнали о том, что ваш друг говорит, оставшись вдвоем? Вы подслушали?

Моего лица не было видно, и я сказал ей ли, себе ли — не знаю. Я был как пьяный, я сам будто летел по отвесному обрыву на дно глубокого ущелья. И слова мои были как отзвук падения.

— Да, да... Я подслушивал... Я любил безнадежно ту женщину, которая любит его.

— Почему же в прошедшем? И сейчас ее любите?

— Сейчас я люблю только вас, только вас...

— А... — сказала Лариса. — И вы позабудете, что вы его друг? И позабудете, зачем вы меня разыскали?

— Я передал поручение, — сказал я, — и какое мне дело... У меня своя жизнь!

— Здесь козий бог, здесь козья жизнь. — Лариса тихо засмеялась. — Это он, Михаил, так называл нашу любовь: козья. А меня — жрицею козьего бога. Что же: пусть так и будет. Так он про меня рассказал?

— Имени он не называл. Он сказал, что это было в Крыму.

— А если бы она спросила, он бы имя назвал?

— Они соединялись навеки. Он бы имя назвал...

— А... — протянула снова Лариса и безмолвно, взяв меня под руку, повела.

Перед козьей сторожкой, сложенной из камней, с холщовым верхом, стоял необыкновенный старик.

Он был невысок, совсем голый, в ярких лохмотьях вокруг пояса. На длинных седых волосах по самые брови надвинута полосатая шапка. За спиной желтая тыква паломника. Безусый, безбородый, он походил на жреца. Улыбнулся Ларисе; не поздоровались, а хлопнули друг друга по рукам. Лариса передала чемоданчик.

Вдруг подскочил татарчонок, что-то прокричал, и два чабана, доившие коз, положили к ногам старика внезапно заболевшего козла.

Старик тотчас присел на корточки, замурлыкал протяжную песнь и, вынув из-за пояса кривой нож, подставил его луне. Луна, дымная и неполная, выходила из-за облаков. Как белые бельма, тускнели закатившиеся глаза больного козла. Старик прищурился, скрипнул зубами, полоснул козла около живота.

Хлынула черная гадкая кровь. Он прихватил цепкими пальцами, как крючками, разверстую рану, придержал ее недолго и вдруг, дернув козла за рога, поставил его на ноги.

128

Козел, шатаясь, пошел к стаду. Стадо шарахнулось от него, чего-то испугавшись.

Чабаны, гортанно гикая, стали щелкать бичами.

Старик подошел к нам, остро глянул на меня, тронул черной рукой. Проговорил что-то ласково Ларисе, указав на сторожку.

Лариса, побледневшая под луной, с каким-то новым помолодевшим лицом сказала мне:

— Дед уводит стадо на ту сторону, а нам дает свою сторожку.

Многоглазый небесный покров, ужас стада, темная власть старика, кругом немая, плодородная земля.

— Идемте же в козью сторожку, к козьему богу!

И я сказал:

— Я пойду, куда поведете...

В большой холщовой палатке, обложенной снизу дерном, было душно и совершенно темно. На земле на душистом горном сене разостланы козьи шкуры, они же развешаны были вдоль и поперек. Несло острым потом, козьим молоком, кожей, сыром, прокисшим вином.

Усевшись в шелковистую шерсть, мы словно попали в отару овец.

И мы целовались, не видя друг друга.

Перед рассветом я, должно быть, заснул. Когда, открывая глаза, я почуял на лице своем солнечный луч, мысли мои прояснились, и я вдруг пришел в ужас, что сейчас увижу Ларису.

Но тут же по ощущению той физической свободы, которой ее присутствие меня всегда лишало, я мгновенно понял, что ее больше нет в палатке.

Эта мысль неожиданно меня наполнила беспокойством. Я вскочил — ее не было. Я выбежал наружу: солнце едва взошло. Горы, как умытые, стояли в нежно-голубых тенях.

Полное безмолвие. Стадо с пастухом ушло до восхода. Я крикнул:

— Лариса!

Откуда-то снизу, быть может из того же ущелья, куда ее столкнул Михаил, мне ответило твердое, неприятное, как попугай, эхо.

Я сел на камень и заплакал. Мне казалось: я себя потерял безвозвратно.

Старый чабан вырос откуда-то из кустов. Он мне знаками объяснил, что Лариса ушла. Своей узловатой палкой он указал мне подробно дорогу.

129

Я стремительно кинулся по тому же пути, где мы подымались вчера. Я, спотыкаясь, топтал огромные шишки с пахучей прозрачной смолой, и опять мелькали по краю обрыва серебристые сосны с перекрученным голым стволом. Опять в бархатистых складках зеленых долин между гор белели отары овец. Сейчас я не видел красот, мне все было — лишь вехи в пути. Мне надо было только одно: скорей ее видеть, заставить ее отвечать.

За минуту боявшийся ее присутствия, я сейчас был в бешенстве от одной мысли, как смела она убежать. Ее коварство походило на издевательство.

У водопада я услыхал голоса: девица и некто плотного вида, с золотой цепью, похоже — инженер. Он говорил галантно девице, покачивая тросточкой над разбитым в ручейки водопадом:

— Не правда ли, водопад этот — страсть: она свободная мчит, закусив удила, а разбитая исходит потоком слез...

Не задумываясь, не колеблясь, как был, запыленный, в колючках и белом пуху ломоноса, с небритым лицом, я вошел в дом к Ларисе.

— Барыня занята, — ответила мне петербургская горничная, и, как почудилось, с дерзкой усмешкой.

— Мне должно быть исключение, я вечером еду, и мне нужен ответ в Петербург.

Горничная пожала плечами, но через минуту пришла:

— Посидите в кабинете, пока барыня кончит работу.

Я прошел в кабинет и сел на диван. Из соседней комнаты, должно быть будуара Ларисы, дверь была полурастворена. Слышен был стук молотка, какое-то противное дребезжание.

— Барыня выстукивает себе камин, — пояснила горничная и исчезла.

Я видел с дивана белый утренний пеньюар Ларисы. Лицо было скрыто. Конечно, она знала, что я вошел.

Она продолжала свою неприятную работу. Перед ней лежала полоска железа, и по узору, наставляя разной величины долотца, она сверху ударяла молотком.

Противный, раздражающий звук царапал нервы.

Я не выдержал, шагнул в полуоткрытую дверь и схватил Ларису за руку с молотком:

— Вы можете кончить потом, у меня есть дело...

— Дело? — Она усмехнулась. — Если упреки, то оставьте их при себе.

— Я желаю спросить не о себе.

Я осекся. Мои глаза уперлись в большой портрет на стене.

130

Это была знакомая мне увеличенная карточка Михаила юнкером. Огненные глаза его вопросительным укором глянули на меня.

Я сухо спросил Ларису:

— Какой же ответ мне свезти в Петербург? Когда начнете вы хлопотать?

— Я хлопот никаких не начну.

Лариса теперь не стучала, но делала вид, что выбирает узор из кучи наваленных на столе.

— Вы мне сами сказали, что у Бейдемана осталась невеста. Пусть она и хлопочет.

Презрение меня охватило:

— Низкая женская злоба... Но никто ведь не добьется того, чего добиться можете вы, если верить слухам.

Она подняла глаза:

— Договаривайте здешнюю сплетню, тем более что она — правда.

— Правда, что вы были близки с великим князем?

— В той же мере, как с вами, если вы это называете близостью.

Эта женщина, влекущая к себе безглазой, тяжелой земляной силой, была мне сейчас отвратительна. Я видел перед собой одно лицо друга и — увы! — с поздним жаром стал умолять ее взяться за хлопоты. Не помню, что я говорил, но я нашел краски изобразить его жестокую участь в противоположность ее годам свободы и праздных капризов.

— Только подумайте: он сидит в бессрочном одиночном заключении!

Ни стыда, ни смущения не было на лице ее, когда с непонятной мне горечью вдруг она прервала мое жалкое красноречие.

— Кто знает сроки? — сказала она. — Быть может, я завтра умру и больше не буду ничем наслаждаться. Но хлопотать за свободу того, кто был враждебен той земной жизни, которую я люблю, я не стану.

Дрожа от негодования и ненависти, я сказал;

— Не правда ль, предел этой жизни — лишь козья сторожка...

— Где я вам подобных обращаю в козлов? — с невыразимым презрением оборвала Лариса.

Я поклонился и пошел к дверям.

— Подождите, — вскрикнула она и встала во весь рост. — Запомните на всю жизнь, ведь больше мы не увидимся. Запомните: это вы разбудили во мне обиду и злейшие силы мои. А у меня нет, во имя чего с ними бороться. Я козьей жрицы — козий бог. Еще запомните, что в ваших руках было иное: вы могли соединить две наших воли только в заботе о друге. Если б вы были ему верны, и я б оказалась иной. Но вы предали Бейдемана. Будьте же вы прокляты, как и я!

Я уехал из Ялты. Последнюю неделю отпуска я пробыл в Севастополе. В ресторане у моря я слышал, как пришедший с пароходом капитан рассказывал о том, что все в Ялте взволнованы происшествием в горах.

— Я держал пари, что эта Лариса Полынова плохо кончит!

— Эксцентричных женщин всегда убивают, если они не догадываются убить себя раньше сами, — сказала ближняя дама.

— Я подозреваю, что тут не без романа с татарами, — вставила дальняя.

— Нет, нет! — защищал капитан. — Хотя ее действительно принесли с гор татары, но это простые, хорошие люди, всем известные пастухи, из которых главный, старик — приятель Ларисы, рыдал, как ребенок. Он рассказал, что она, принеся ему, как всегда, запас нужных лекарств, подарила на память часы. Он показал расписку ее, где написано, что дарит в полной памяти и здравом уме такому-то в знак многолетней дружбы. Умнейшая барыня все обдумала: распоряжение насчет имущества написано отцу Герасиму заказным по почте, просит в смерти своей никого не винить... Татары говорят; она отбежала на край отвесной скалы и у всех на глазах застрелилась, они же ее вытащили с опасностью для жизни и принесли домой на руках. Хотя эти татары все же арестованы, но по следствию их, разумеется, оправдают.

— Уж какой-нибудь виновник да есть, — сказала ближняя дама и случайно глянула в мою сторону.

"Да, я виновник", — подумал я, но вслух сказал, как обычно, лакею:

— Подайте мне счет!

Я пошел далеко по камням туда, где узкая коса клинком врезалась в море.

Я помню: вырезным и бумажным мне показался огромный диск луны, и отражение ее отвратительно. Все было кругом как захватанный и пошловатенький лунный ландшафт над красным бархатным гарнитуром гостиной в провинции. Больная душевная мука выветривала жизнь и красоту из самой природы. Вдруг я ощутил с новой силой, отделяющей меня от всего живого, свое клеймо древнего Каина — мой новый позор предателя.

132

Да, никем не изобличаемый, как мерзостный хитрый гад, сокрывший себя между трав уподоблением их окраске, предатель угнездился в бессознательных недрах моего существа.

Ибо я предавал людей, не желая предать.

Глава третья

Глиняный петушок

Когда, уезжая в Крым, я сказал Вере о письме матушки к Ларисе Полыновой, Вера, нахмурив брови, ответила:

— Такие женщины самоотверженно не помогают.

Она уже не верила в возможность освобождения Михаила и все силы свои и надежды направила на деятельность революционную. Только от нее в зависимости ставила она разрешение вечных узников от уз. У Линученка, с которым Вера жила, умерла жена на хуторе, он поехал ее хоронить. Квартира Веры была теперь осаждаема откуда-то набравшейся молодежью. То заседали кружки взаимопомощи по доставлению средств образования, то составлялась библиотека запрещенных книг, то типографию приносили прятать. От меня она по-прежнему ничего не скрывала и я терзался от мысли, что кто-нибудь донесет и ее постигнет ужасная участь. Наконец, когда я стал ее умолять быть осторожней, она сказала, глядя пустыми отчаянными глазами (такой точно взор был у Ларисы, когда она меня прокляла):

— Ради чего беречь мне себя? Хоть малую пользу делу, а значит и Михаилу, принести может только моя гибель. Без него я — рядовой боец и погибну в начале или в конце — дело случая. Сейчас для революции одно важно, чтобы правительство знало нашу непримиримость до смерти.

Но я всеми силами стал вливать в Веру надежду на освобождение Михаила через Ларису Полынову, рассказав ей, что, по наведенным справкам, эта женщина действительно близка к одному из великих князей. Я обещал, что найду слова убеждения, способные растопить камень...

Мне удалось повлиять на Веру, и она мне дала обещание, что до моего возвращения не примет участия в рискованном деле. Больше даже: она решила поступить на фельдшерские курсы и отдаться всецело занятиям.

И вот сейчас я ехал из Севастополя в Петербург, как негодяй, которому доверили последнюю ценность, необходимую для жизни, а он расточил ее на свою прихоть.

В Петербурге меня ждало новое испытание.

Как в романах Дюма события нарочно нагромождаются в особенно важных главах, так и в эпилоге моей жизни одно за одним пошли необычайные приключения.

Впрочем, именно такое неправдоподобие обличает порой самую правдоподобную действительность так же реально, как чудища из облаков на невероятно окрашенном фоне, вырывающие у зрителя восклицание: "Если б художник нарисовал, ему бы никто не поверил!"

Едва вошел я прямо с вокзала к Вере, в небольшую ее комнатку на Васильевском острове, как вместе со мной протянул руку к звонку некто высокого роста, в башлыке, обмотанном вокруг шеи. Он отдернул руку, уступив мне звонок. В комнате было сизо от дыма, на полу окурки, на диване и сундуке тесно сидели незнакомые люди. Председательствовал Линученко, вернувшийся с хутора. Лица все новые, молодые.

Только одного блондина, угрюмо забившегося в угол, я признал тотчас же. Лицо его было знаменательно, и я, еще в первый раз видя его, очень отметил. Вера почему-то именно его мне упорно не хотела назвать.

Сейчас, едва я вошел в комнату, Вера кинулась ко мне, схватила за руку и шепнула:

— Она согласилась?

Как заводной истукан, я ей ответил!

— Она внезапно скончалась, я в живых ее не застал.

Вера еще смотрела, не понимая смысла моих слов, как вошедший за мной, подойдя к Линученку, протянул ему руку и назвал себя. Тот радостно его обнял и громко объявил:

— Товарищи, поздравьте! Счастливый выходец из казематного ада. Ну, дружище, о какими вестями? Здесь все свои.

— Прежде всего поручение. Один из наших, выйдя из еще худшего места, чем я... из Алексеевского равелина, дал мне для передачи родным и друзьям Бейдемана записку. Он сидел полгода рядом с несчастным. Тот простукал ему и взял клятву о доставке домой. Мне сказали, что здесь...

— Здесь! — воскликнула Вера. Она протянула руку и застыла, как на миг застывает мать, у которой на глазах тонет дитя.

Линученко прочел вслух записку:

"Умоляю, хлопочите об освобождении. Надвигается безумие. Пусть сошлют в солдаты, на каторгу... Пусть казнят... Все, все лучше, чем это".

— При первом приступе безумия он пытался повеситься, но неудачно. У него отобрали полотенце и простыни, — сказал пришедший. — Это было осенью шестьдесят третьего года.

— Да, двенадцатого августа тысяча восемьсот шестьдесят

135

третьего года! — воскликнул я. — Да, это было в день смерти его матери!..

Меня словно вихрем рвануло куда-то, и я без чувств грохнулся на пол. Это понято было всеми только как законная скорбь о друге, но на самом деле это был еще и обратный удар того потрясения, которое испытал я в этот день, уйдя вместе с матушкой в мое первое воздушное путешествие. Ведь я тогда не был еще обучен черным художником в том, что он зовет "электрификация центра", я еще не мог использовать миг, разрывающий предел и движение по линии, не теряя сознания.

Зато не далее, как сегодня утром, я пустил машину времени ровно на пятьдесят лет назад и, когда девочки и Иван Потапыч ушли в гости, сам вошел в камеру к Михаилу.

Он только что съел свои вечерние ужасные щи, из которых выловил двух тараканов живыми. Он забавлялся тем, что, вылепив из черного хлеба им помещение, искал, куда бы ему их запрятать от зорких глаз ирода Соколова, чтобы сделать потом их ручными. Хотя лицо его было бледно и измождено, как бывает от тяжкой болезни, оно светилось хитрой улыбкой. Увидав меня, он испугался, но, как только узнал, ласково обнял.

Сидя с ним рядом на жестком матраце его нищенского ложа, я рассказал ему не про то, что было в горах, а только про то, что там должно было быть.

Я говорил, что Лариса и Вера подружились, как сестры, оттого, что обе любят его, и о нем завтра же пойдут хлопотать. А сейчас я предложил ему прогуляться в горах.

И, высоко подымая ноги, Михаил стал ходить по камере. Как дитя, он гонялся за бабочкой, рвал цветы, любовался направо восходом, налево луной. Времени не было; все, что вступало в мысль, вдруг делалось жизнью. А когда старый пастух напоил его теплым молоком, пришла Лариса и, обняв его, увела в козью сторожку. Я же не ревновал. Я был рад, что несчастный наш друг нашел хоть минуту забвения.

Когда вечером смотритель Соколов вошел со сторожем, Михаил спал с такой блаженной улыбкой, что даже это грубое животное было тронуто и проявило несвойственную ему заботу, конечно — в соответствующем ему выражении:

— Не будите его; натоптался днем, пускай дрыхнет!

....

Иван Потапыч мне сегодня сказал:

— Это очень похвально, что ты перестал прыгать, как воробей, трепыхая локтями. А нынче окончательно возьмись за

136

ум, прекрати бормотание, сделай милость, — девочек пугаешь. На вот, маракуй себе на бумаге: спокойное дело.

И добрый человек подарил мне стопу чистейшей бумаги, присовокупив пояснение:

— Тебя ради облегчил наверху канцелярию; чай, казенная, нет греха.

Сделаю праздник, попишу на белой бумаге и черновик. К тому же пусть канцелярская эта бумага — хищение Ивана Потапыча, — как действие, лежащее всецело в наших трех измерениях, — удержит мою недавно освобожденную мысль в пределах, приемлемых здешними. Ибо про событие исключительной важности мне сейчас надлежит рассказать. Факты этого события общеизвестны, но кое-что из того, что за фактами, может вскрыть только такой, как я, кому время стало — фикция.

Однако сначала два слова о том, что произошло после записки, так чудесно попавшей из Алексеевского равелина к Вере.

Выписанная эстафетой, приехала сестра Михаила — Виктория, женщина высокая, очень лицом на него похожая, безмолвно твердая. От имени ее составили следующий документ, который ныне напечатан целиком в книге о Михаиле:

"Поручик драгунского Военного Ордена полка, Михаил Степанович Бейдеман, три года тому назад без вести пропавший, оказался содержащимся в С.-Петербургской крепости. Мать его в сентябре 1863 года умерла на пути из Бессарабии в Крым для испрошения у государя императора помилования ее сыну. Сестра заключенного в крепости Бейдемана, Виктория, уверенная в благодушии вашего сиятельства, осмеливается испрашивать единственной милости: дозволить навещать Бейдемана в его заточении".

Записка эта через влиятельного родственника с письмом от другого важного генерала к третьему была доложена самому шефу жандармов князю Долгорукову. Князь написал, что резолюция государя на этот раз и на все будущие попытки сношения с узником одна: о Михаиле Бейдемане правительству ничего не известно.

Пока не пропала последняя тень вновь воскресшей надежды, Вера, оставив свои кружки и даже единственное утешение — работу в госпитале, как в дни нашей безумной попытки освободить Михаила, опять, словно маньяк, с горящими глазами, безмолвная, с нечеловеческим напряжением воли, хлопотала о доставлении записки

137

Виктории куда следовало. После резолюции, положенной свыше, она, как автомат, который рука заводящего перевела на другую пружину, стала так же безмолвно и без оглядки работать на дело революции: ходила на какие-то тайные сходки, кого-то осведомляла, кого-то прятала. Ни дождь, ни тьма, ни опасность глухой окраины ей не были препятствием. Она не худела, а просто таяла на глазах. Я сказал Линученку:

— Если ее не остановить, к весне у нее будет скоротечная чахотка.

Линученко горько ответил:

— Если можете — остановите.

Полный невыразимой жалости и вспыхнувшей с силой любви, я искал случая застать Веру одну. Однажды я пришел, когда в квартире не было никого; дверь в ее комнату полуотворена. Я увидел ее в кресле в глубокой задумчивости: исхудавшие руки ее были жалостно вытянуты на коленях, и крепко, по-детски, стиснуты пальцы. По тишине, царившей в комнате, как и во всем доме, я решил, что у Веры нет никого, и, войдя быстро, вдруг неожиданно для самого себя стал на колени и, целуя ее милые руки, сказал:

— Вера, очнись! Вера, если тебе не жаль себя, пожалей меня, я гибну... Уедем на Кавказ, попробуем начать новую жизнь. Ты будешь со мною свободна.

Кто-то сзади кашлянул. Я вскочил в ярости. Мы были не одни: здесь сидел этот, уже мною отмеченный, угрюмый молодой блондин. Он подошел ко мне и, глядя сконфуженными, прелестными, полными необычайной доброты голубыми глазами, сказал поспешно:

— Простите, но, право, я не в счет.

И действительно, неловкости от его присутствия я не почувствовал.

Вера встала, взяла этого человека за руку и с видом вдохновения, напомнившим мне лицо ее тогда на террасе в деревне, когда цвели липы и на один миг она, князь Глеб Федорович и я были нечеловечески счастливы, мне сказала:

— Сережа, брат, вот мой новый жених, единственный, чьей невестой я смею быть, не изменяя Михаилу. Но только невестой...

— Итак, поезжай, — повернулась она к нему, — и помни и знай: каждая мысль моя и дыхание и сила всей воли — с тобой! И больше нет колебаний. Бесповоротно.

Он повторил приятным и глуховатым, как у больного, голосом: "Бесповоротно".

Вера поцеловала его, он мне поклонился и ушел.

— Кто это? — спросил я.

— Зачем имя... — уклонилась Вера. — Впрочем, это имя скоро узнает вся Россия, и его впишут в историю. Сережа, я принадлежу к революционному обществу, которое зовется "Ад" и члены его — "мортусы". Это звучит по-ребячески; но, удастся нам она или нет, мы возобновим попытку декабристов дать родине свободу. Вас привела сейчас судьба в решительную и необычайную минуту — неужели опять понапрасну? Опять чтобы, мучительно раздвоив вашу душу, не выковать решения воли? Сережа, вы своего места в жизни все равно не нашли, пойдите же с нами! Мы знаем, за что и на что мы идем. Сейчас нет свободной жизни, сейчас нельзя жить для себя. Сейчас время гибели за грядущее. Пойдем вместе с нами!

— Смерти я не боюсь, но умереть предпочитаю один, а не за компанию.

Первый раз в жизни я враждебный простился с Верой и уехал в полк. У меня шевельнулось недоверие к ней из-за этого нового "жениха", и мелькнула мысль, что, как свойственно большинству женщин, самое обыкновенное увлечение свое она из самолюбивой гордости облекает в форму таинственную. И первый раз не в ее пользу я сравнил ее с гордой дикостью Ларисы.

Ужасные события не замедлили обнаружить всю плоскость моих суждений. Зиму я провел отвратительно: образ Ларисы, как бы оспаривая в моем сердце привязанность к Вере, возник вдруг с такой томительной силой, что двинул меня на нелепую связь, одну из тех связей, которых каждому надо бояться как огня. Случайное сходство в одном из поворотов головы, напомнившее мне ночь в козьей сторожке, заставило меня очертя голову, не ища подтверждения в уме и характере, бешено влюбиться в одну из полковых дам. Впрочем, я больше всего искал забвения, которого ни вино, ни карты мне не давали.

Полковая дама в маленьком городке, как известно, исчисляет дни своей жизни от романа к роману, и страсть моя не только препятствия не встретила, но очень скоро превратилась в тяжкое обязательство. Дама оказалась неумной, с сильнейшим характером и совершенно мещанским обычаем. Она ревновала, делала сцены и всячески предъявляла "права". Соединение двух без участия чувств и разума, по одной лишь физической склонности, вероятно, безопасно для людей исключительно деловых, с воображением сонным и тупостью восприятий. Но ежели кому не редкость волнение чувств, пробужденных художеством или мыслью, тому будет жестокое наказание уже в том обстоятельстве, что он примет в свой организм, как инородное тело, всю грубейшую часть ему чуждой души. Качества эти ему придется или переработать, или быть ими отравленным.

Сколько я ни защищался от влияния этой женщины, я был ею затянут в болото каких-то отвратительных мелочей, и, не хвати у меня силы воли бежать, я бы погиб в этой тине, как гибнут десятки юнцов. Но я подал прошение об отчислении меня для подготовки в Академию генерального штаба и уехал в Петербург учиться.

Веру нашел я в совершенно мне новом состоянии. Она остриглась, курила прескверные папиросы и манеры свои изменила соответственно типу окружавших ее фельдшериц, акушерок, курсисток. И самое главное: она потеряла неуловимые, ей одной присущие черты. Только и узнал я прежнюю, особенную Веру, ту, которую любил, когда на вопрос мой, зачем она себя изуродовала, она серьезно сказала:

— Так легче мне жить. Меня прежней нет вовсе, а есть только винтик сложной машины, которому легче делать работу, когда он смазан тем же маслом, что и соседние с ним винты.

Но, с другой стороны, уже не Линученко, почему-то вдруг страшно замкнувшийся и безмолвный, где-то занятый неизвестным мне делом, а Вера была верховодом и душой кружка. В кружке были опять новые лица. Из отрывков разговоров, которые велись много осмотрительнее и серьезнее, чем в первые годы, я понял, что в Москве у них главный центр, а здесь, у Веры, лишь самое первое звено.

Революционное движение после студенческой истории развивалось с необыкновенной быстротой, а в салонах тетушки графини Кушиной и ей подобных все еще считали, что движения серьезного нет, а есть, как выражалась тетушка, "сплошные амуры безобразнейших синих чулков с бурсаками". Интересовались в свете больше всего внешней политикой. Европейские старички захлебывались от восторга при имени Бисмарка, твердя в сотый раз всем и каждому, что канцлер превратил Staatenbund в Bundesstaat[18].

А у тетушки на столе в чудной ореховой рамке стоял наш посол барон Врунов, удостоенный этого отличия за находчивую поддержку, как выражалась тетушка, чести родины.

Когда в заседании лондонской конференции прусский уполномоченный возобновил давнее предложение Франции

---

[18] Союз государств в союзное государство (нем.)

решить вопрос о пограничной черте в Шлезвиге между датчанами и немцами опросом населения, барон Врунов сказал корректно, но твердо:

— Было бы противно началам русской политики, чтобы подданных спрашивали, хотят ли они остаться верными своему государю.

И добавляла иронически тетушка:

— Смешно подчинять приговор правительств Европы мнению шлезвигской черни!

В конце пятой недели поста, через несколько дней после моего приезда в Петербург, я опять встретил у Веры того блондина с необыкновенным лицом.

Какие неопознанные психические силы стоят на страже нашего существа, которые при встрече с иным человеком; как бы угадывая роковое пересечение его судьбы с твоей, наполняют сердце необъяснимым ужасом? Впрочем, после встречи с черным Врубелем и разъяснения его схемы эволюции мира я могу формулировать.

Ужас испытывает каждый, кто связан с судьбой числом двенадцать при встрече с единицей.

Я был одним из многих, а тот человек с необычайно светящимися лаской глазами был единицей.

В эту встречу меня поразил его донельзя измученный вид: впалые щеки, чахоточный румянец, светлые волосы без блеска, мертвыми прядями прижатые к вискам.

— Вы больны? — спросил я его.

— Я только что из больницы, — отозвался он своим ослабевшим, глухим голосом, — и на самом деле я плохо оправился.

— Тогда отложить? — зорко глянула Вера, услышав разговор.

— Нет, откладывать дольше нельзя, — сказал он твердо, — моя чахотка не ждет, у меня сил будет все меньше... — Он говорил про себя, как говорит машинист про свою машину.

— Главное ваше дело, Вера Эрастовна, через месяц отпечатать воззвания. Поспеете?

— Отпечатаю и привезу... Но — вы обещайте мне, что дождетесь меня и что еще мы увидимся.

Он подумал, глядя в сторону:

— Обещаю. Только для дела лучше, чтобы вы сидели в деревне.

— Но я еще поспею отдать делу остаток всей жизни!.. — Вера сказала это так резко, что я окончательно уверился в

141

мысли, что чувства ее, отданные, как я предполагал, Михаилу навеки, вновь воскресли для этого человека.

Что поделать? Каждый из нас умеет любить всего только лишь для себя и предъявляет за муку лишения свободы требования без границ. За неверность Михаилу я, ревновавший всю жизнь к нему, сейчас презирал Веру за воображаемое новое чувство. Слепец, опутанный тиной провинции, я меньше, чем когда-либо, мог понимать тот особый пламень, которым горели эти чуждые мне по духу люди.

Вера уехала на хутор печатать прокламации. Я уже не боялся, что она будет арестована и сядет в тюрьму.

Вера, Лариса и моя последняя связь в провинции — все оскорбительно объединялось теперь у меня в одну женскую похоть, которая лживо носит то ту, то иную личину...

Я с головой ушел в светскую жизнь, и к апрелю у меня уже было несколько салонов, где наперерыв меня звали на спектакли и вечера. Один из интереснейших предстоял четвертого апреля в доме европейского старичка, приятеля тетушки.

Я еще накануне занялся своим туалетом. В голове у меня было легко и пусто, как у игрока, проигравшего все ставки и твердо решившего с последним грошом самому выйти в тираж.

Были сумерки. Что-то вроде разбавленного молока было разлито по небу и белесым туманом отодвинуло вдаль привычные глазу здания. Горели две лампы, я стоял перед большим зеркалом и при помощи маленького ручного пытался проверить, безукоризнен ли новый мундир.

Мне доложили, что меня хочет некто видеть.

— Не отзываются кто, должно быть по бедности, проситель... — от себя прибавил денщик.

— Пусть входит, — сказал я рассеянно, занятый швом, который разглядеть мне надо было, свернув в сторону шею. Так, увлеченный своим делом, не поворачивая головы на вошедшего, я увидел его в зеркале.

Краска залила мне щеки; я, сконфузившись, как мальчишка, застигнутый в глупости, спрятал спешно зеркальце и приказал слуге:

— Запри дверь и не пускай больше никого, пока не выйдет мой гость.

Предо мной стоял странный Верин "жених".

— Я к вам пришел, — сказал он, не подавая руки и тоном, каким не начинают, а продолжают давно начатый разговор, — чтобы просить вас передать Вере Эрастовне...

Он покачнулся, я подхватил его и усадил в кресло.

142

— Вы совершенно больны. Что с вами?

Я подумал, что он сумасшедший. Ярко голубели его удивленные глаза, устремленные прямо на лампу, рот, с детски сложенными, как бы огорченными губами, слабо улыбался. Его сознание отсутствовало.

— Вы, больны, больны! — бессмысленно повторял я, не зная, что предпринять. Я налил ему вина, он с видимой радостью выпил и немного оправился.

— Да, я глубоко болен, — сказал он, — но сейчас это кстати. Я вас прошу передать Вере Эрастовне, что больше ждать по причине моей болезни было нельзя. И так лучше для дела и для меня лично, что мы не видались. Еще передайте, что я ее благодарю...

Он встал и пошел к двери.

— Что вы хотите сделать? Вы собой не владеете...

Он вдруг твердо, с большой силой посмотрел на меня и сказал:

— Я владею собой совершенно, и это будет мною доказано завтра. Да, в пять часов у Летнего сада. Придите, чтобы ей рассказать. Но прошу: не называйте меня по имени никому после того, что будет завтра.

— Я не знаю, кто вы.

— И нет нужды. Слуга народа — вот мое имя!

— Я знаю, вы не скажете, что будете делать: себя ль убивать или другого, и в конце концов мне это решительно все равно! — закричал я, взбешенный, что судьба опять выбивает меня на чуждую мне колею. — Но вот на одно я прошу вас ответить, на то, что важно для каждого: во имя чего? В чем ваше дело?

— В достижении свободы.

— Слыхал и не верю... Свободы, которой сами-то вы не увидите, потому что лопух из вас вырастет, а в бессмертие души вы не верите. Я вас не про то, что полагается... про личное ваше спрашиваю. Лично для себя зачем вы-то боретесь за других?

Он ответил то, что я ждал:

— Лично для каждого окончательная свобода — добровольная смерть.

— Но за что? За что?

— За что каждый найдет нужным... Надо найти, я нашел.

Вдруг он страшно смутился, покраснел, неловко выворачивая худую руку в локте, полез в карман.

— Передайте вот это Вере Эрастовне.

Он вынул глиняного петушка, из тех, что продаются на ярмарке за пятак:

— Это с детства осталось, подарок матушки.

Он повернулся и ушел.

Почему я его не удержал — я не знаю. И зачем эти люди врезались в мою жизнь? Я не знал их. Пусть я совсем заурядный, не умный и не глупый человек, неудавшийся художник и офицер, как все; я, наконец, желаю прожить собственную свою жизнь, а не ихнюю.

Я помню, как в гневе еще и еще бормотал?

— Да, собственную, хотя бы тараканью...

Я напился пьян в одиночку и тут же свалился на диван в новом мундире, зажав в руке глиняного петушка. И в пьяном мозгу мне гвоздило одно: держать его, чтобы не вылетел!

Проснулся наутро я поздно, с отвратительной головой, и хватился сейчас же за часы: опоздал я или нет? Я не помнил, куда: то ли на обед к тетушке Кушиной, то ли на five o'clock[19] в два других дома. Я помнил одно: к пяти часам.

Денщик, которому раз навсегда не велено было будить меня, в каком бы виде и где бы я ни заснул, вошел с чаем и, поставив поднос, вдруг нагнулся поднять что-то с полу.

— Никак свистнет, ежели в хвост ей подуть, — сказал он.

— Как смеешь трогать, пошел вон! — закричал я, хватая петушка. Денщик, непривычный у меня к крику, думая, что я все еще пьян, пробормотал:

— Опохмелиться не прикажете ли, ваше благородие?

Я приказал приготовить мне ванну. Вид глиняного петушка напомнил мне все: больше того, я понял весь ужас своего поведения. У меня вчера был больной человек, в припадке на что-то роковое решившийся, и я, сознавая его состояние, не двинул пальцем, чтобы его остеречь.

Уложить его надо было в постель и не пускать из дому! В пять часов у Летнего сада он свершит роковое... Ну и черт с ним, пусть свершает. Что я, нянька им всем? Предназначен спасать их в последний момент? Как хотят, так пусть кончают. Обвинение Ларисы, что я ей принес смерть, ожесточило меня. А теперь этот Верин сумасшедший "жених", с указанием дня и часа! Не пойду!

Я пообедал и отправился играть на бильярде. Мне везло. Я позабыл про часы. Но, очевидно, внутренне это было не так. Часы важно ударили половину.

"Если это лишь половина пятого, я успею", — подумал я и, взглянув на часы, увидел, что, точно, это было так. Я сказал, что у меня деловое свидание, и пошел к Летнему саду...

Не могу сегодня дальше писать. Как тогда, все воскресло во

---

[19] пятичасовой чай (англ.)

мне, и нестерпимая тяжесть на сердце. Будто великан стиснет и отпустит, как кошка мышь. Вот если б перебить это состояние, полетать бы по комнате? Да боюсь Ивана Потапыча, и то уж поваркивал:

— Смотри мне, говорить сам с собой будешь — свезу тебя в сумасшедший!

А мне раньше срока нельзя, дописать надо. Милейший человек Иван Потапыч: с тех пор как я побывал в сумасшедшем, он считает, что я потерял себя, опозорился, вроде как проворовался, и он говорит мне "ты", ворча, как на баловника мальчишку.

Глава четвертая

Ровно в пять

Когда я свернул к Летнему саду, я увидал необычайное зрелище: толпа народа с криками бешенства, с ревом "ура" толпилась у решетки. В коляске сидел государь с племянниками. Кучер не мог тронуть с места от напора людей. В другой коляске был граф Тотлебен с каким-то невзрачного вида малым. Дамы наперерыв сыпали этому человеку деньги, махали платками, купцы лезли в коляску с объятиями. Тут же поодаль была ужасная свалка: полицейские не то колотили кого-то, не то отбивали его от толпы, которая его избивала. Я подозвал извозчика, влез в пустую пролетку, так что, встав, оказался выше всех головой и мог разобрать то, что происходило.

— Вот злодей! В царя стрелял...

Извозчик мне указал на темную фигуру, которой полицейские скручивали назад руки; другие, став цепью, удерживали озверелую толпу, готовую кинуться и растерзать.

Лица схваченного человека не было видно. Шапка сбита в борьбе, и по волосам, светлым, льняного мягкого цвета без блеска, по покатым слабым плечам я узнал его. Вдруг он повернулся в мою сторону и, сияя прелестными серо-голубыми глазами, с невероятным чувством сказал:

— Дураки, дураки, я ведь это для вас!

И сейчас, через миг после покушения, в его лице не было и тени жестокости.

— Цареубийца! Антихрист! Смерть ему!

Полицейские посадили его в пролетку и, хотя связанного и не сопротивляющегося, держали его с двух сторон. В сопровождении конных чинов все двинулись к Цепному мосту.

Я пошел куда глаза глядят. Не помню, где я ходил. Мне казалось, я в необозримом поле, где надо мной только серое небо, под ногами талый почернелый снег...

А может, я ходил по улицам, и, как обычно, по обе стороны шли дома, горели огни, за самоваром пили чай почтенные семьи. Мне было безразлично. Я шел и крепко сжимал в кармане пальто грошового глиняного петушка. Вдруг вспомнил, как сказал давеча мой денщик: ежели подуть его в хвост, чай, свистнет. Я вынул, подул. Петушок не свистнул: вероятно, он засорился. Я сунул его обратно и опять крепко сжал. Я будто держался за него, как за единственный твердый предмет. Все разорвалось в моей голове. Всплывали какие-то рожи, и Петька Карский пел в самое ухо поганую песню.

Капитан, как я рад, что я вас увидел,
Вашей роты подпоручик дочь мою обидел.

Я старался об одном: шагать в такт словам.

Если признать меня умом поврежденным, как в этом заверил Ивана Потапыча старший врач, то повреждение мое началось именно в этот день.

И только внешне до самого последнего времени мне удавалось носить непроницаемую для постороннего глаза маску, приличествующую тому обществу, куда я попадал.

Поздним вечером того дня, четвертого апреля, я оказался у тетушки Кушиной. Помню, что глиняного петушка я переложил из кармана пальто в карман брюк и вошел, как обычно.

Народу у тетушки было несметно, и, к счастью, я мог, не участвуя в разговоре, узнать все подробности покушения. В четвертом часу царь выходил после обычной прогулки из Летнего сада в сопровождении племянника и племянницы. Неизвестный выстрелил из пистолета в него. Как говорили, крестьянин Осип Комиссаров ударил убийцу по руке, и пуля пролетела мимо.

В салоне все возмущались. Забыв свой благовоспитанный обычай, мужчины ругали грубейшим манером преступника. Прекрасные дамы одна перед другой изыскивали пытки, боясь, что преступник не сознается; предлагали письменно изложить эти пытки шефу жандармов. Всех без исключения раздражало, что пойманный скрыл свое имя и звание, назвавшись крестьянином Петром Алексеевым. И с злорадством добавили: раз что звание неизвестно, на него наложат оковы.

Во всем винили князя Суворова, генерал-губернатора, за потачку революционерам. Утверждали, что в самый день покушения он получил предостерегающее письмо, но спрятал его под сукно.

— Должны вызвать Муравьева, этот сумеет принять меры...

Я ушел. Напился. Спал мертвецки до позднего часа. Встав, снова пошел по знакомым. Всюду можно было молчать, не возбуждая ничьего удивления. Говоривших было слишком много, и для чего-то мне было нужно каждый день слушать все, что будет сказано об этом человеке, имени которого я так и не

147

знал. Но ни на чем ином, кроме него, я не мог оставить своих мыслей.

Вера не ехала с хутора. В былое время я бы к ней полетел. Сейчас мне было все безразлично, кроме события, участником которого я себя ощущал. Все прочее выпало из меня, как выпадает то, что не вошло в поле зрения. Порой тупо я думал: если б я этого человека с голубыми глазами не выпустил от себя, а уложил бы в постель, происшествия не случилось бы. Но укоров совести я не ощущал.

....

В Белой зале Александр II сказал дворянам:

— Все сословия выразили мне свое сочувствие единодушно; эта преданность поддерживает меня в трудном служении. Надеюсь, что господа дворяне радостно примут в свою среду вчерашнего крестьянина, который спас мне жизнь.

Этого обалдевшего от рукопожатий и объятий нового дворянина, недавнего пропойцу-картузника, я видал сам на обеде у князя Гагарина. С идиотским видом он молча напивался и в ответ на пространные тосты патриотов бормотал лишь свое: "Премного доволен". Супруга его, говорят, величала себя "женой спасителя".

Наперерыв графини и княгини вырывали друг у друга "спасителя", истязая его обедами и раутами, где сидел он обычно, растопырив все десять перстов на коленях, пока не валился, упившись, под стол.

Какой-то шутник обучил его на вопрос государя, чего ему еще хочется, непременно ответить: камер-юнкера! Смеялись, что первое слово он позабыл и попросил просто юнкера, почему сейчас же был зачислен в Тверское юнкерское училище. Оттуда он в скором времени уволился в отставку корнетом.

В дальнейшем Комиссаров запил горькую и, как ходили слухи, в припадке белой горячки повесился.

Каракозова же повесили.

Черный Врубель, вскрывая свою схему "электрификации центра", объяснил мне, что до исполнения зрелого срока нанесенный удар не нарушит обычных законов физики, угол падения останется равным углу отражения.

Ранний выстрел пролетел мимо, и оба, проявившие активность, разбиты обратной силой. Каракозова повесили. Комиссаров повесился. Но исполнились сроки — и нет царя.

В тот день, когда на неизвестного надели оковы, Александр II принял поздравления сената, явившегося во дворец в полном составе, с министром юстиции во главе. На другой день принесли поздравления представители иностранных держав. Митрополит Филарет прислал образ в честь избавления.

Тетушкин сенатор говорил:

— Истинно, государь имел полное основание произнести: "Сочувствие ко мне всех сословий со всех концов обширной империи доставляет мне трогательное доказательство несокрушимой связи между мной и всем преданным мне народом".

Кругом вести так и сыпались:

— Вы слышали, князь, Суворов оставил пост генерал-губернатора?

— Должность будет совсем упразднена.

— Заведование столичной полицией будет поручено генералу Трепову.

— Рескрипт председателю совета министров, князю Гагарину, с предписанием "охраны основ".

— Привлекут, слава богу, одни благонадежные силы!

— Граф Муравьев вызван. Опрокинет Валуева.

— А Суворову, князь-либералу, он припомнит его охотничью остроту. Как, вы не слыхали? Как же, государь удачным выстрелом убил медведя, а Суворов и выскочи: недурно бы, дескать, двуногого Мишку[20] так-то. Царь его резко обрезал...

И еще важным известием для меня было то, что из Прибалтийского края вызывается граф Шувалов, с назначением его шефом жандармов.

О преступнике сообщил по секрету тетушкину старичку князь Долгоруков, что допрашивают его день и ночь, не давая заснуть ни на час, но, хотя он в совершенном изнеможении, а придется его еще "потомить". В городе говорили еще об иных пытках, сопровождающих эту пытку бессонницей. Пока преступник имени своего не открывал. Как известно, его имя — Каракозов — и звание дворянина были открыты случайно, по найденной записке в Знаменской гостинице, где он стоял. Привезенный из Москвы двоюродный брат Каракозова Ишутин подтвердил достоверность догадок. Когда я услышал, что привезен и писатель Худяков, организатор общества "Ад", я со дня на день ожидал услышать имена Веры и Линученка.

Каракозова перевели в Алексеевский равелин. В квартире же коменданта Сорокина стал заседать верховный уголовный суд. Для сильнейшего нравственного воздействия, чтобы

---

[20] Имя Муравьева - Михаил

вызвать на откровенность и раскаяние, приставили к Каракозову известного протоиерея Палисадова. Замученный непрерывным допросом, узник, придя к себе в камеру, не имел возможности прилечь, а должен был, не прислоняясь к стенке, слушать службу и речи о. Палисадова.

Этого протоиерея я не выносил. Он был модным светским священником и раза два в год служил у тетушки в доме молебны. Палисадов был лектором университета, и вечными про него анекдотами пересыпал игру на бильярде один мне знакомый веселый студент.

Он любил изображать протоиерея со всеми его жестами и нижегородско-французским прононсом. В доказательство, что вера без дел мертва есть, он говорил:

— Допустим, что у нас есть некий flacon, а в нем две жидкости: желтая и голубая, два невзрачных сами по себе цвета; а попробуйте их взболтать, смешать, и у вас получится прелестный vert de gris[21].

О благости божией у о. Палисадова был не менее игривый вывод: он призывал слушателей восхищаться тем, что бог — великий любитель прекрасного, при создании человека преследовал не одну лишь грубую пользу, а и тончайшие наслаждения.

— Ибо что есть органы обоняния и вкуса, как не орудия наслаждения? — восхищенно разводил Палисадов руками. — Ибо для-ради поддержки бренного тела достаточно было б иметь в животе прорез, наподобие кармана, куда, как в оный, ссыпали бы просто-напросто пищу с тарелок.

Был Палисадов статного роста, чернокудр с проседью, с манерами недуховными. Любил вспоминать о томике своих проповедей, изданных в Берлине на французском языке.

Он настолько офранцузился в Париже, что, приехав в Россию, подал было прошение митрополиту о том, чтобы ему разрешили носить короткие волосы и штатское платье. За эту просьбу его чуть не упрятали в монастырь.

Какое утешение мог дать этот игривый, тщеславный человек Каракозову? Впрочем, как сейчас известно, не утешения ради просился модный пастырь напутствовать смертников, а для карьеры...

Сегодня ночью я силой мысленного тока установил себя в том году, месяце и дне, о котором вчера написал. Я очень думал о Михаиле. Что должен был он испытать, когда тут же, недалеко, пытали Каракозова, а потом на рассвете увели на

---

[21] серо-зеленый (фр.)

казнь? Конечно, я знал, что их комнаты не могли иметь сообщения. А хотя б и были рядом — о перестукивании не могло быть и речи. Но ведь на гребне великих страданий есть способ узнавать больше обычно доступного.

Итак, сегодня ночью я силой своих устремлений побывал у Михаила и разузнал доподлинно. Продолжаю сегодня уже как очевидец. Нам удалось пройти к Каракозову вместе. Уже тогда, силою страданий, Михаил научился тому, что я лишь недавно, в конце моей жизни, узнал от черного Врубеля: проницаемости материи перед напором воли.

Итак, сегодня ночью, а во времени в 1866 году в апреле, мы вошли к Каракозову. Была, вероятно, середина апреля.

Замученный бессонными ночами, бессменными допросами, Каракозов перестал владеть членораздельною речью, и сам Муравьев собирался доложить царю, что, по мнению докторов, надо дать отдых преступнику.

Мы вошли, когда Палисадов едва кончил всенощную в его темной камере и, сняв облачение, аккуратно его складывал обратно в большой принесенный платок на доске, привинченной к стенке, служившей столом. Мы с Михаилом спрятались за печь. Я не узнал Каракозова, видевши его месяц назад. Он был покинут жизнью больше, чем мы.

Если б он умел двигаться в нашем пространстве, то он нашел бы снова себя самого. Но он еще был неразрывен со всей тяжестью скелета, мускулов и крови, и небольшие оставшиеся силы его, до положенного каждому срока, обязаны были охранять его форму. Той же частью своего существа, которая мыслит и чувствует, он был уже вне этой формы и потому лишь с трудом мог отвечать обыкновенной человеческой речью.

Палисадов с недовольным лицом за то, что ему приходилось служить без дьякона и обходиться без помощи дьячка, о чем он впоследствии подавал записку с указанием особой за это мзды, подошел с узелком к Каракозову. Он поднял для благословения руку, лицо его, выразительное и очень подвижное, изобразило религиозный восторг. Он сказал своим бархатным сладким голосом балованного проповедника:

— Да возбудится в вас живейшая вера в незримого судию вашей жизни, да возведет, да очистит он вашу душу до состояния ангелоподобного!

Он сам приложил к посинелым губам Каракозова свою холеную полную руку, потому что тот стоял как истукан, мертвенно бледный, с потухшим взором своих прекрасных серо-голубых глаз.

151

Собственная элоквенция настолько понравилась Палисадову, что у дверей камеры он еще раз сделал ручкою:

— Да, да, состояние ангелоподобное даруй вам бог!

Каракозов почти без чувств повалился на кровать. Мы оба с Михаилом подошли к нему. Михаил сел в ногах, я стал на колени и, целуя его восковую исхудавшую руку, сказал:

— Простите меня, что вас не остановил, когда вы больной были у меня накануне покушения. Ведь в здравом уме вы бы не рискнули на подобное дело.

Каракозова будто подкинуло, он сел. Румянец вспыхнул на ввалившихся щеках. Глаза, невыносимо яркие, пылали. Он своим прежним глуховатым голосом произнес:

— Если бы у меня была не одна, а сто жизней, я все бы их отдал за благо народа!

Эти слова общеизвестны. Каракозов написал их государю. Ими он выразил всю свою внутреннюю сущность.

— О, сколь вы счастливы! — вскричал Михаил. — Ваша смерть родит новых героев. О, почему мой злосчастный жребий не ваш!

Михаил стал неистово вопить, биясь головою о стену. Вошла стража; на него с побоями надели смирительную рубашку, связав узлом на спине... Я в бешенстве, не помня себя, кинулся с кулаками на стражу... все вмиг исчезло. Я со стоном открыл глаза. Со стаканом воды стоял Иван Потапыч:

— Испей водицы; привиделось что. Да не ори больше, девочек испужаешь.

Я извинился и притворился, что вновь задремал.

Я понял, что изменил наставлению черного Врубеля. Овладеть центром животного электричества можно лишь при совершенном бесстрастии. Моя бурная жалость к Михаилу мгновенно, как постороннее тело, выбросила меня из той тончайшей сферы, где хранятся отпечатки событий...

Через некоторое время мне удалось вновь собрать свою разбитую чувством волю и привести себя в состояние хирурга, который чем закаленней, тем благоприятней для операции устремляет себя к заданной цели.

И вот опять я в уже знакомой мне камере Михаила с черным бархатом плесени внизу стен, с убогим соломенным матрацем, с которого сняты простыни, чтобы он снова не вздумал повеситься. Как белая мумия, туго спеленатый вместе с руками, лежал он на спине. Михаил был в глубоком, блаженном забытьи. За минуту искаженное безумием и гневом лицо его было покойно, и слабая улыбка была на бледных губах. Он бывал таким в редкие минуты беспечной веселости,

152

когда загибал мне салазки на огромном столе в дортуаре и мы в драке оба с грохотом катились на пол. Боясь потревожить редкий радостный отдых несчастного друга и самому от размягчения чувств утратить снова необходимый над собой контроль, я не стал будить Михаила и проник один к Каракозову. В его камере был смотритель тюрьмы. По его приказу жандармы одевали узника, чтобы вести его на первое заседание верховного уголовного суда, на квартирку коменданта.

Я не знаю, как перевели нас из Алексеевского равелина в крепость. Вероятно, это произошло еще прошлой ночью. Днем и вечером из равелина не выходили.

В длинной зале коменданта было заседание верховной уголовной комиссии. Оно было назначено для выдачи главным подсудимым копии с обвинительного акта, с правом вызвать себе защитника.

Я вспомнил, что у тетушки один из сенаторов рассказывал, как перед тем, чтобы впустить Каракозова, у председателя суда князя П. П. Гагарина было некое препирательство с секретарем: князь упирался на том, чтобы говорить Каракозову "ты", ибо с таким "злодеем" зазорно быть на "вы". Наконец секретарь убедил старика, что для судьи выражать таким образом негодование — неприлично. Сейчас, глядя на князя П. П. Гагарина, седоватого человека с большим носом и мохнатою бородою, похожего на доброго волка, я припомнил и комическое осуждение его тетушкой Кушиной: ежели злодей дворянин, его надо б и вешать без тыканья!

Первым из подсудимых должны были ввести Каракозова. Я сейчас же стал с ним рядом. Сзади и спереди нас — два солдата о обнаженными тесаками. Каракозов тонкой костлявой рукой пощипывал свои усики. Он был, видимо, смущен, не знал, куда ему идти и где сесть.

— Каракозов, подите сюда! — сказал князь Гагарин дрожащим от волнения голосом; он в сущности был добрый человек, и объявлять смертную казнь было ему тяжело.

Для отобрания показаний введен был и Осип Комисса́ров, предполагаемый спаситель, о котором полгорода говорило, что он выдуман графом Тотлебеном, хронически пьяный картузник, случайно всех ближе стоявший к воротам. Но пьяный картузник был нужен как символ руки народа, как охрана царя. Символ стал идолом. Басне спасения не верил никто, но по отобрании показания председатель суда встал. Встали все члены, и, стоя, князь Гагарин, председатель суда, сказал Комиссарову:

153

— Вам, Осип Иванович, вся Россия выражает свою благодарность!

Каракозов вздрогнул. На минуту с глубокой скорбью обвел глазами все лица; бледная улыбка чуть прошла по губам, когда он встретился на миг с перепуганными глазами Комиссарова, который, неестественно выпятив грудь и держа руки по швам, как любили стоять перед фотографом денщики, собрав в крупные сборы низкий, тупой лоб, силился понять, почему его снова чествуют.

Я не знаю, видел ли я все это сам, или только слышал рассказы, или только на днях прочел из тех книжек, что принес мне Иван Потапыч...

Путается у меня в голове с непривычки к новому способу думать и чувствовать. Все, что волнует чувство, сейчас для меня одинаково: прочел ли я это, услышал или сам пережил.

На столе вещественных доказательств лежали пистолеты Каракозова, шкатулка и яд, который он себе приготовил, чтобы отравиться немедленно после выстрела, но, придя в оцепенение, не поспел.

Глаза Каракозова приковались к столу. Секунда; схватить яд, проглотить — и нет долгого ужаса смертной казни. Глаза его как-то побелели. В тяжелых взорах была нечеловеческая борьба, потом сила их потухла. Глаза тускло-голубые, безмерно утомленные бессонницей. Часто моргали покрасневшие веки. Каракозов решил себя не убить, а принять казнь.

Через минуту граф Панин, перешепнувшись с соседом, быстро убрал яд и пистолет.

Я не могу больше писать сегодня. Нечеловеческая борьба Каракозова с самим собой разбила меня, как будто сильнейший ток мне пропустили сквозь сердце. Оно не выдержало, но я остался жить.

Какая сила, какая вера в свое дело были у этого человека, если дважды, имея перед собою неслыханные душевные муки и на месяцы отложенную смертную казнь, он не прибег к самовольному мгновенному концу?

Глава пятая

Барабаны

Я не вставал эти дни совсем с постели; безнаказанно невозможно преодолеть волей пространство. Добрейший Иван Потапыч, давая мне с воркотней лучший в доме кусок, сказал:

— Дело твое старое, знай полеживай, — нам так от тебя безопаснее. А ежели к тому и чулок вязать выучишься — прямой толк. Понять не мудрое дело, когда грамоте знаешь; я ужотко бумагу и спицы тебе принесу, девчонки обучат.

Лежу я. Лежу, отдыхаю. Опять по-прежнему, по прямой пошли мысли. И в отличном порядке память. Но нет, сегодня ночью не пойду к Михаилу. Припомню, что видел я в тот страшный день сам, тем способом, как обычно видят люди.

Был конец августа 1866 года. Очень умилялись в салоне у тетушки, что государь дал знать через Шувалова: если казнь Каракозова не будет совершена до двадцать шестого августа, до дня коронации, то уж ему не угодно, чтобы она произошла между двадцать шестым и тридцатым августа — тезоименитством царя, памятью князя Александра Невского.

Это распоряжение Александра II, вызванное нежеланием омрачить высокоторжественные дни, доказывало, по мнению всех, необыкновенное сердце императора, которому даже казнь последнего злодея могла быть небезразлична. Помню по этому случаю "мо" графа Панина:

— Я того мнения, что двух казнить было бы лучше, чем одного. А трех лучше, чем двух. Но... faute de mieux[22], хорошо, что хоть один самый главный висельник будет.

Но были светские салоны оттенка либерального, где распоряжение государя о дне смертной казни не находили гуманным, а все восторги вызывал П. П. Гагарин, который от слез едва мог дочитать Каракозову резолюцию, осуждающую его. Он прибавил, что осужденный может подать просьбу о помиловании.

Защитник Остряков сам составил краткую и сильную просьбу. Каракозов, в последнее время почти лишившийся сознания действительной жизни, прошение подписал.

Государь в помиловании отказал.

---

[22] за неимением лучшего (фр.)

— Но как, как он это сделал? Что за изысканность формы! — восхищались дамы.

А европейский тетушкин старичок, нарушив ради этого свой до минуты размеренный день, как юноша, прибежал к тетушке рано утром, чтобы передать подлинные слова министра юстиции Замятина, который доложил прошение Каракозова царю в вагоне, когда ехал с ним из Петербурга в Царское Село.

— Какое ангельское выражение было на лице у государя, — говорил Дмитрий Николаевич Замятин европейскому старичку, — когда он сказал: "Я давно простил преступника как христианин, но как государь простить его не считаю вправе".

Добрый старик П. П. Гагарин эту окончательную резолюцию передал Каракозову за несколько дней до казни, чтобы он поспел подумать о своей душе.

Узнав об этом, я взял обратно свое прошение о поступлении в Академию и стал хлопотать о зачислении меня в один из действующих отрядов против немирных горцев.

Охотников было немного, и я без труда получил назначение. Я до странности успокоился, словно поместил себя в верное место. В тот же день я прочел в газете, что казнь Каракозова будет произведена публично на Смоленском поле в семь часов утра.

Это было назавтра.

Второго сентября на всех углах улиц расклеены были объявления о казни Каракозова. Я знал, что я пойду. Не могу не пойти. Но до рассвета я не мог быть один и отправился играть на бильярде. Знакомый студент был уже там. Говорили все, как и в последние дни, лишь о правильности судебного процесса.

Чиновник юстиции, с губами ниточкою, медлительным голосом, будто в гору вел воз, доказывал, что Худякова как идеолога организации и Ишутина как подстрекателя справедливо было бы присудить к той же каре. Он говорил, что в высших сферах недовольны сентиментальностью первого гласного суда и что государь сказал с раздражением Гагарину:

— Вы ничего не оставили для моего милосердия! Впрочем, Ишутину он заменил смертную казнь — после прочтения ему приговора у виселицы с наброшенным саваном — пожизненной каторгой.

Пришел и завсегдатай-студент. Он рассказал, что сегодня на лекции богословия о. Палисадов сидел долго задумавшись, потом тряхнул кудрями и отечески гневно сказал:

— Вот, поучай вас истинам христианским, а потом вози вас, вешай...

156

Но разговоры о суде были только вечером, когда еще много часов отделяло нас от того, что должно было произойти на рассвете на Смоленском поле. Вечером, при уютном освещении знакомого зала, при веселых возгласах: "дуплет в среднюю...", слово "смертная казнь" хотя говорилось в строчку, как другое всякое слово, но для чувства было оно и чудовищно и посторонне...

Но вот пробило четыре часа, пять часов, и кто-то сказал:

— Господа, надо бы двинуться, занять получше места.

Я вздрогнул и внезапно понял, что двинуться надо нам на Смоленское поле, где произойдет как раз то, что черными буквами на белом квадрате бумаги стояло на всех углах улиц:

"Исполнение приговора верховного уголовного суда о государственном преступнике Дмитрии Каракозове последует 3 сентября, в субботу, в С.-Петербурге на Смоленском поле, в 7 часов утра".

— Они соберутся у министра юстиции, — сказал виновник с губами ниточкой.

— Кто они? — спросил студент.

— Директора департаментов, генералы, члены обвинительной комиссии, чиновники сената. — И, как бы наслаждаясь лицезрением переименованного блестящего сборища, он прибавил: — И все в золотом шитых мундирах.

Я вышел из бильярдной и пошел один на Смоленское поле.

День еще не начался, а уже дворники мели улицы. И оттого ли, что тротуары не были утоптаны прохожими, оттого ли, что не тарахтели по камням мостовой извозчики, двигаться было легко. Казалось, будто за ночь выпустили из-под голубого небесного купола весь вчерашний воздух и накачали нового. Сдержанное волнение было в осеннем чистом, бестуманном небе. Солнце готовилось к выходу.

Я вдруг вспомнил о глиняном петушке. Да, он был здесь, в кармане. Значит, все правда. Помню, что тогда еще я подумал: "Если взойдет солнце без туч и день будет яркий, то все еще может быть хорошо".

Стали появляться в калитках кухарки с корзинами, под большими платками, отчего все они казались толстыми.

Солнце взошло яркое, точное, без малейшего облачка. И я, глядя на такую же яркую, для случая начищенную хлебной гущей медную бляху полицейского, понял вдруг, что ничего не будет хорошо, ничего не поможет: ни то, что метут рано улицы и кухарки с корзинами, ни глиняный петух...

Будет — казнь.

Улицы вдруг наполнились. На Васильевском острове это

была уже сплошная масса во всю ширину до домов. Полиции едва удавалось создавать криками посредине проезд. Блестел, как зеркало, черный лак карет. Мимо меня протянулись в николаевках с плюмажами чины военные, штатские. Увидев экипаж, толпа решила, что опоздала, и кинулась бежать. Испуг и алчность исказили лица. Я свернул в сторону, чтобы пробраться одинокими закоулками. Сократив сильно путь, я подошел вместе с экипажами на Смоленское поле. Вдруг, не доезжая, экипажи остановились. Для комиссии по исполнению приговора приготовлен был небольшой домик. Все в него вошли, дожидаясь привоза осужденного. Некоторые, выходя из экипажей, разговаривали, но никто не улыбался, и все были бледны. Рядом со мной спешили на казнь гулящие женщины. Они говорили о своих делах. Та, что постарше, корила младшую.

— Гуляла ты с Васькой, гуляла с Сидором. Ну, а чем тебя разодолжил Клим? Уж без него тебе звезды не светят? Что он, что они — один товар.

— А вот и не один, — сказала младшая, с мягкими прядями из-под платка и пустыми глазами, так мне вдруг напомнившими глаза Веры в последнее время. — Гуляла я и с тем и с другим, а судьба моя — он, Клим. Ему одному я есть нужная. За него и ответ мне давать.

— За него ответ мне давать, — повторил я и злобно, помню, подумал, как отдавать буду Вере глиняного петушка.

Проехал обер-полицмейстер Трепов. Военные и штатские чины вышли из домика, сели в экипаж и поехали следом.

На поле, там, где было каре из войск, все снова вышли и медленно взошли на деревянную возвышенную площадку, выкрашенную черной краской. Я перевел глаза напротив и увидел то, что я ожидал увидеть, что знал отлично по начертанию, и все-таки не понял, что это то самое, то есть виселица.

Конечно, если б меня спросили, где виселица, я бы показал на эти черные два столба с перекладиной. Но чувством я этого не понял, потому, вероятно, что самый большой ужас я ощутил не от виселицы, как ожидал, а от высокого помоста, свежевыкрашенного, как и все здесь, черною краскою. Этот обширный черный помост, как резервуар с нечеловеческой черной кровью, зловеще отблескивал в ответ только что взошедшему солнцу, И самое ужасное произошло на этом помосте.

— Это зовется эшафот, — сказал гимназист гимназисту, показывая пальцем.

Может быть, позорная колесница подъехала тихо, я не знаю. В моих ушах стоял грохот. Но я думал, что это громыхала она, безобразная колымага, запряженная парой, с высоким сиденьем. На этом сиденье, спиной к лошадям прикован был кто-то.

Я не узнал Каракозова. Да это и не был он. Не тот, который гордо кинул царю в предсмертном письме, что "не одну, а сто жизней отдал бы за благо народа", и не тот, исполненный сердечного обаяния, с прелестными серо-голубыми юношескими глазами, который поручил мне передать свой предсмертный привет, игрушку детства, той, которая была ему, может быть, дорога.

Здесь, на позорной безобразной колымаге, — синее лицо с беловатыми, уже словно незрячими, мертвыми глазами.

Глаза эти встретили виселицу, голова отдернулась назад, как в конвульсии.

Потом он окаменел. Как на распятье Рембрандта, на минуту, неживое, осело его тело, когда палачи отковали его от позорной колесницы, взвели по ступенькам на высокий черный эшафот и поставили к позорному столбу в глубине эшафота.

— Так называемый позорный столб, — сказал кто-то в швейцарской пелерине, и ответил ему такой же другой:

— Не позор ли... сколько позора! И казнить-то должны поподлей.

У самого эшафота сидел на лошади один из полицмейстеров; с другой стороны стояли кучкою североамериканцы с той эскадры, что пришла в Кронштадт. Я продвинулся ближе со стороны обер-полицмейстера. Я слышал, как он сказал секретарю суда:

— Необходимо, чтобы вы взошли на эшафот, а то никто не услышит приговора. Надо, чтобы народ понял, что у нас все чинится по закону.

Секретарь взошел по ступенькам, в мундире, генеральская шляпа с плюмажем под мышкой, бумага в руках. Он стоял у самых перил. Бумага дрожала в его руке, он был так же сине-бледен, как осужденный.

"По указу его императорского величества..."

Какой холод от боя барабанов! Меня всего затрясло отвратительной мелкой дрожью, пока войско делало на караул. Все сняли шапки. Барабаны утихли, но я продолжал дрожать и не понял ни слова из того, что прочел секретарь, сошедший обратно на помост; где стояли министры и комиссия.

На эшафоте перед Каракозовым был теперь протоиерей Палисадов. Он в твердо вытянутых руках, как бы защищаясь

159

или нападая, держал сверкающий на солнце золотой крест. Палисадов был в полном облачении.

Что он говорил осужденному, не было слышно. Приложив крест к мертвым губам стоявшего под дозорным столбом, Палисадов повернулся и сошел вниз.

Взошли на эшафот палачи. Вдвоем они подняли над замерзшим, посиневшим, мертвым лицом, в котором не оставалось и признака жизни, белый саван. Они его почему-то не умели надеть и прежде всего накинули колпак на голову и лицо.

Для приговоренного в этот миг потухло солнце, и, может быть, он уже умер сам.

Я думаю, это самая страшная из всех минут, когда еще живым сознанием переживается смерть.

Но тут произошло нечто, превышающее жестокостью все преступления и все кары. Пережитую сознанием смерть на миг сделали вновь жизнью, чтобы в следующий за этим другой миг дать несчастному новый ужас смерти.

Палачи, ошибочно накинувшие саван, по движению руки полицмейстера сделали то, что делают только при помиловании. Они саван сняли.

На миг лицо его озарило солнце. На миг глаза, вдруг вспыхнувшие жизнью, просияли невыразимо. Дрогнул детски очерченный, вдруг заалевший рот. Кто бы он ни был, ему было всего двадцать четыре года, ему хотелось жить. И в этот миг он поверил, что жить будет.

Но два палача спешно втиснули его руки в длиннейшие, как у маскарадного Пьеро, рукава, завязанные сзади крепчайшим узлом, и вторично накинули саван.

Оба палача взяли крепко под локти эту огромную белоснежную куклу без лица и без рук, свели неспешно по лестничке вниз и влево под виселицу. Здесь оба палача бережно, как драгоценную вазу, поставили снежную куклу на скамью.

Тот, кто только что невыразимо просиял глазами и по-человечески, по-детски дрогнул ртом, — как заводной, переступал тупо ногами.

Белоснежной кукле на шею надели веревку, и палачи ногой вышибли из-под ног скамью.

Забили барабаны...

И бьют они, бьют... Иван Потапыч, уймите ба-ра-ба-ны!

Глава шестая

Сплошь блины

Пишу после большого промежутка. Иван Потапыч заставил меня лежать неделю, а вторую — в сидячем положении — вязать чулок. Если я не слушался, он грозил отвезти меня сейчас же в дом сумасшедших. Мне же ранее срока нельзя видеться с черным Врубелем. Но срок есть, и свидание будет...

Я решил не перечитывать написанное, я могу вычеркнуть совсем не то, что надо. Я ведь позабыл, что понятно всем, а что — только мне самому. Пусть вычеркнет для чистового товарищ Петя. Он отличный юноша и земляк, из нашей губернии, приятель Горецкого.

А случилось две недели тому назад вот что: когда писал я прошлый раз, то затрещали барабаны. Мне так невыносима была их гнусная дробь, что я стал кричать, а полицмейстер на коне один из барабанов приказал мне проглотить. Он сделал знак рукой, солдаты взяли на прицел, я испугался и проглотил. Руками защищаться я не мог, длинными белыми рукавами руки у меня завязаны туго сзади. Но проглоченный барабан и внутри меня продолжал выбивать дробь. Заткнув уши ватой из шубы Ивана Потапыча, я подлез под кровать и загородился мешками с мукой. Иван Потапыч таскает, как в восемнадцатом году, на всякий случай запасы. Так заслонившись, я думая, что скроюсь от полицмейстера на коне, и он меня перестанет пытать. Я за мешками заснул. Оказывается, Иван Потапыч очень испугался и искал меня до глубокой ночи, предполагая, что я ушел без верхнего, которое он запирает. Когда же девочки, подметая утром, закричали, обнаружив мои ноги, я не пожелал вылезать, по глупости решив, что это снова полицмейстер.

Иван Потапыч привел Горецкого 2-го, и его веселая болтовня перебила мой кошмар, вернула меня к действительной жизни. Я вылез, рассказал про барабан и вежливо извинился. Но Иван Потапыч был неумолим: он хотел немедля водворить меня к черному Врубелю, предположив вдруг смехотворную вещь, что я могу начать кусаться.

Благодаря заступничеству товарища Пети, молочного приятеля Горецкого, Иван Потапыч дал мне последнюю отсрочку. Он согласился продержать меня лишь только до октябрьских торжеств, но не иначе как в постели, отобрав у меня платье и сапоги. Он и не подозревает, что октябрьские торжества он назначил не свободно, а по моему внушению. Этот день — условная встреча и первый наш опыт с черным Врубелем.

Великий опыт

А Ивану Потапычу удобно сбыть меня с рук: у него и девочек в эти дни суматоха и выступление.

Я покорно лег в постель и отдал запереть в большой сундук мои сапоги. Но бумагу, перо и чернила он мне дал, как всегда, сказав: "Мне всегда спокойнее, когда ты пишешь".

Горецкий 2-й сел на сундук. Против света заметно, какой он глубокий старик. Но одет теперь чисто, опять держит грудь колесом и, как при Александре II, пробривает подбородок. Товарища Петю Тулупова я и раньше видел у него: он брал уроки французского и немецкого языка, привязался к старику и звал его дедушкой. А старик прозвал его: "Петя Ростов от коммуны или Петя Тулупов-Ростов". Он был похож на эстандарт-юнкера и отлично ездил верхом. Едва девятнадцати лет стал коммунистом: как чистейший сплав, без брака, без трещинки, отлился в форму. Мне он близок и особенно мил: ведь и мы, по-иному, но были точно такими в своей юности.

Я сказал ему:

— Товарищ Петя, вас именно прошу я через две недели, накануне октябрьских торжеств, прийти сюда, Я передам вам свою рукопись о днях минувших и днях нынешних; прошу вас процензуровать и, что возможно, напечатать.

— Мемуарная литература? — сказал Петя. — Хорошо. Но если ориентация антимарксистская, я, знаете, не стану...

— Ориентация у него безотносительно военная, — вступился Горецкий 2-й. — Он, как и я; приемлем.

Коль скоро дисциплина — значит, дело бамбук. Крепко. Вчера Петя водил меня в конюшни, ну, братец, — чистота! Фальцфейнова завода полукровки у него в денниках, как в салонах.

Горецкий, как это делал, бывало, при имени модной балерины, причмокнув, поцеловал кончики пальцев.

— В Корсаре здорово крови, — сказал Петя, — может, он и кровный.

Горецкий в ужасе замахал руками:

— Без аттестата от Фальцфейна не в счет! Будь он Араповского завода иное дело, но от Фальцфейна одни стати без аттестата не в счет.

Он стал так кричать, что я закрыл уши, боясь опять услышать барабаны. Однако, обернувшись на меня, он вдруг спохватился и сказал:

— Тебе, дружище, надобен покой. Вставай скорей да к нам на чаек. А я к тебе уж в последний, пухнут ноги, хоронить приходи!

— Протянешь до ста лет, дедушка, — сказал Петя.

— Вообрази, mon cher, Петя огорчается за мое социальное положение, сколько я ему ни твержу: "самодержавен", а канцелярии нет никакой! Но дело в том, что он пописывает. После моей смерти уж наметил препикантнейший некролог. Я, ma foi, жажду теперь одного: на этом месте скончать дни свои и положену быть в гробу. И последняя воля моя... дружище, я апеллирую к тебе!

— Вы бы их и не беспокоили, — начал было Иван Потапыч, но, глянув на возбужденного Горецкого, только рукой махнул:

— Обои малые дети!

Горецкий сел ко мне на постель и вдруг заплакал:

— Я, mon cher, прошу у Пети уважения, а он не согласен.

— Брось, дедушка, брось, — сказал Петя.

— Mon bon ami, потерпи я сейчас объясню. Моя последняя воля вот: вместо венчика пусть мне оденут пурпуровый ободок, c'est tout a fait simple a coller[23], мы детьми клеили. Гуммиарабиком отлично берет. Тем более что добротность бумаги безразлична, хотя бы папиросная. Главное — цвет: пурпур революции! Но отпевать должен поп, и не поп-живец, а отец Евгений, почтеннейший старец.

Горецкий вскочил на сундук. Он или бредил, или сошел с ума.

— Mon bon vieux[24], — сказал Горецкий, — я не уверен, достаточно ли я верил в бога, но вот двунадесятые праздники чтил я истово. Я до спаса, как у нас в доме водилось, яблочка не вкушал. Я на крестопоклонной говел и в рот спиртного ни-ни. Но прежде всего как был, так и есть — я военный. И вот со мною сделали так, что мне в церковь ходить стало так тяжело, как водить дружбу с товарищем, хоть любимым, но битым.

— Но при чем красный венчик? — спросил товарищ Петя.

— При чем?! — зарычал Горецкий. — А при том, что девять

---

[23] это очень просто приклеить (фр.)
[24] мой добрый старик (фр.)

163

лет долбил я или нет катехизис Филарета? Я или не я целых полвека налаживался чувствовать так, как в наше время чувствовать полагалось? Волнение мозгов, быть может, в себе убивал, чтобы каждой кровинкой прирасти мне к походной нашей церквушке. Без водосвятия в атаку никак... Хоть и в пьяном виде, а зря грудь грудью колоть — это, батенька, не фунт изюму! Небось Керенский солдатику-то ответить не сумел: зачем ему идти на смерть, когда от этой "земли и воли" ни черта не увидит?! Только ножками изволил топотать. Да-с, а нам, помимо доблести, "венец" был уготован, и на пролитие крови благословляли нас протоиереи. А про церковь мы знали: "врата адовы не одолеют ее". Ну-с, а теперь куда я пойду? Твердыня взорвана, острижен поп. Все, чему полвека веровал, что любил, — все насмарку! Так пускай в некоем высшем разуме совокупят происшедшее, ибо аз не вместих! Я вон путать стал, кто взял аул Гильхо. Я ли взял или Войноранский? А посему моя воля — на тот свет в пурпуровом венчике... Накось, выкуси!

Горецкий 2-й, как плохой король Лир, надменно вышел из комнаты.

Вдруг красное лицо его снова появилось в дверях. Он был окончательно вне себя, он крикнул:

— Полвека ступал правой ногой и вдруг пошел левой. А порох-то вышел. В расход, старичок! Но не смирно в расход, а с подъятою левой!

Горецкий дрыгнул ногой, к радости девочек прокричал петухом и ушел.

— Обожди, дедушка, — крикнул товарищ Петя и, подойдя ко мне, сказал: — А ваше писанье я обязательно заберу, будьте благонадежны...

После истории с проглоченным барабаном у меня к себе мало доверия. Вдруг случится со мной раньше времени то, что у нас с черным Врубелем назначено на октябрьские торжества. Передо мной всего две недели; надлежит мне торопиться занести только самое главное по линии Михаила.

Ну вот: я уже говорил, что в тот день, когда сентябрьское утро вставало такое румяное, а телега в одну лошадь везла черный гроб с телом Каракозова, провисевшим весь день до ночи, у меня впервые возникла в ушах эта мерзкая дробь барабана. Чтоб ее заглушить я, не зная другого дурмана, пил непробудно неделю. Очнувшись я, не колеблясь, пошел к одному прекрасному особняку. Я чувствовал в себе несметную силу, не боялся ни смерти, ни жизни и знал, что сейчас моей воле покорится всякий, кого я изберу.

Покорится даже он — шеф жандармов.

Я выбрал его не потому, что сейчас мне близка была участь друга, а потому, что шеф был каменный. Мне же надо было разбить камень. Что касается чувства дружбы и прочего, их я забыл. Я сам каменел.

Только собирался я узнать, когда принимает хозяин, как сам он, граф Шувалов, вышел из подъезда.

"Судьба", — подумал я, и мне это придало решающую дерзость.

— Я должен с вами говорить, граф, секретно, — бросил я ему, как приказ.

Неподвижное лицо графа еще более застыло, и, сделав пригласительный жест к двери, он неспешно сказал:

— Я собирался было по личному делу, но оно подождет. Я к вашим услугам.

Мы вошли в переднюю. И так отвратительно иной раз повторяются вещи: граф повел меня в ту же комнату, где был некогда памятный наш разговор. В этой комнате было все, как тогда: ящики, запасная посуда и на подоконнике тот же стеклянный колпак. Я подумал невольно, нет ли под ним синей мухи. Мухи не было. Мне пришло в голову, что эта комната устроена тут нарочно. Я глянул на Шувалова и удивился, как за это время он постарел. Это был уже не мраморный красавец, а постаревший каменный истукан. То, что зовем мы душой, та, просвечивающая в чертах, внутренняя жизнь человека, казалось, окончательно от него отлетела. Сейчас это был механизм.

— Что же вы имеете мне сообщить? — спросил граф, стоя сам и предлагая мне сесть.

Но ни его отстраняющий вид, ни холодный прием, наметанный большой властью, — ничто меня сейчас не смущало. У меня возникла в ушах снова мерзкая дробь барабанов, и, заглушая ее, я с бешеной внутренней силой сказал:

— Я прошу вас доставить возможность Михаилу Бейдеману быть лично допрошенным государем.

— Вы нездоровы, — сказал опешивший от дерзкого тона Шувалов. — Раз навсегда по поводу этого узника дана резолюция начальству: о нем ничего не известно.

— Но вам лично, граф, должно быть известно, что этот узник близок к безумию, что сейчас, после судопроизводства и обличения всех причастных к делу покушения, еще очевидней стало, что Бейдеман вовсе не связан ни с какими организациями. Граф, он оговорил себя сам, у вас и раньше

165

мелькала догадка, что он безумец. Прошло шесть долгих лет, неужто нельзя сделать проверку?

По недрогнувшему лицу графа пробежало не чувство, нет, а будто какое-то соображение. Глаза его, точные и острые, какие должны быть у летчика перед сложным маневром, умно глянули на меня, когда он сказал:

— Я сделаю все, что возможно.

Но, тут же спохватившись, как примернейший формалист, он добавил;

— Если, разумеется, такой политический узник числится в списках. Будьте через неделю у вашей тетушки, графини Кушиной, и я дам вам ответ.

Я поклонился, мы вышли вместе.

....

Я все еще не мог жить, как раньше, и всю неделю пил. В воскресенье я пошел к тетушке.

Когда я входил в салон, европейский старичок громогласно объявил, что сейчас пожалует граф Шувалов с интереснейшим письмом от священника Палисадова о последних минутах Каракозова.

— Эта конфиденция — чистейший плод недоразумения. Вы слыхали, что произошло на поле казни? — обратился к тетушке сенатор. — Граф спросил Палисадова, чистосердечно ли раскаялся преступник, и тот с необычайным для него достоинством обрезал: "Это секрет духовника!" Но, увы, достоинство модного пастыря не изменило ему лишь до тех пор, пока он не узнал о своей ошибке. Он было принял графа Шувалова за кого-то из обыкновенных смертных, но тотчас испугался и разрешился витиеватым посланием, которое вы будете иметь удовольствие сейчас услыхать.

— Какой ты нынче желчный, — сказала тетушка. — Хотя, положим, Палисадов мне самой не угодил — русскому попу французить непристойно. Но, бог с ним, в проповедях он соловей. Ты лучше объясни, что стало с графом: чисто монумент.

Славянофильский старичок, бывший на ножах с европейским, быстро поспешил сказать:

— Я сделал наблюдение, графиня, что все русские люди, коим идеал Европа, презирая отечественную безалаберность, впадают в смехотворную крайность, втискивая год, месяц и каждый день до получасового интервала в свою записную книжку. Безалаберность, точно, уходит, но с ней вместе и весь человек.

166

— Вот и выходит, что прав мой садовник Тишка, — сказала тетушка, когда говорит: "Не в свой срок поспеет ягода, тотчас и скашлатится".

— Граф Шувалов скашлатился... — смеялись кругом.

Однако насмешка превратилась мигом в любезнейшие улыбки, едва лакей доложил о графе, и тот вошел, как всегда, великолепным и внушительным царедворцем.

Ни в его рукопожатии, ни в скользящем надменно взоре, на миг относившемся и ко мне, я не мог прочесть того, что он мне скажет. Мне даже показалось, по привычному элегантному движению, каким он вынул отереть усы ослепительный носовой платок, распространяя крепкие, но фешенебельные духи, что он позабыл наш разговор и меня самого не отличает от привычной ему тетушкиной мебели.

По просьбе присутствующих граф стая читать письмо Палисадова.

Письмо было исполнено гнусной пошлости и самого лживого ханжества. Но мужчины и дамы, вытянув шеи, с таким алчным любопытством слушали эти бездушные упражнения в элоквенции о последних минутах замученного человека, что меня вдруг охватило отвращение. Внезапно я перестал видеть лица. Вместо лиц мне почудились сплошь блины. Блин с усами, блин без усов. Ни глаз, ни характеров...

И сейчас едва вспоминаю того, с серо-голубыми глазами, и слышу необычайный голос его там, у Летнего сада: "Дураки, я ведь для вас..."

И потом жадность уличной черни, бегущей на казнь, и жадность черни светской — услышать пикантное о последних минутах казнимого... Мне стало так страшно, так страшно!

Не могу, нырну под койку...

Полежал часочка два за мешками. Обошлось. Ни девочек, ни Ивана Потапыча еще нет дома. Я до их прихода опять прилично улегся в постель. А за мешками мне в полумраке легко, будто выскакиваю на другую планету. Если б рассказать, что я вижу, закрывши глаза, что я слышу!

Однако же нет, я не стану рассказывать: получился бы вред государственному ходу машины, ибо всякий гражданин вместо службы и прочих приличных занятий стал бы учиться выпрыгивать вон.

Но тогда, у тетушки, я еще дорожил мнением о себе, и, выпятя грудь и сделав в меру почтительное выражение, я подошел ближе к дверям, чтобы при выходе графа расспросить его про наше дело. Граф должен был в тот же вечер прочесть свое письмо еще в двух домах и очень торопился. Он подходил уже к ручкам дам; мимоходом, не глядя на меня, он мне обронил:

— Просьба не может быть уважена, его в списках нет.

Помню, я молча поглядел на его хищную, грациозно извивающуюся в поклонах спину и подумал: "Шеф жандармов солгал!"

Я ушел от тетушки ни с кем не прощаясь. Кому мне было жать руку: блинам с усами, блинам с буклями? Я пошел домой, чтобы застрелиться. Мне это было так просто в тот вечер и так неизбежно. Одно меня смущало: кому передать для Веры глиняного петушка? У кого не блин, у кого лицо? Кто человек?

Передо мною возникла вдруг сама Вера, как тогда, на крыльце лагутинского дома. Беловатым огнем сверкнули ее светлые глаза, и, опять вспыхнув, сказала отцу:

— Вы этого не сделаете, батюшка!

Лицо было у Михаила и у того... с серо-голубыми глазами. Даже с высоты черного эшафота, у позорного столба, сине-мертвенное — это было лицо.

Еще необыкновенным, единственным я запомнил лицо Достоевского. Если б я знал, где он живет, я бы пошел к нему. Пред тем как уйти совсем отсюда, я должен взглянуть на лицо человека. У себя дома, в зеркале, ведь я тоже вижу лишь блин. Но я не знал, где жил Достоевский.

Вдруг предо мною непрошеным всплыл некий адрес. Яркий, черным крупным шрифтом, на белом квадрате, как намедни были объявления о казни. "17-я линия, дом...", и голос серебряного румяного молодого старика Якова Степаныча:

— Придет час, по адресочку приди!

И, не рассуждая, я пошел.

Глава седьмая

Один адресок

Да, шеф жандармов солгал...

Но мне с каждым днем все труднее писать. Приближаются октябрьские торжества, и мое тело все легче, все легче. Теперь я уверен, что даже без упражнений, которые запретил мне Иван Потапыч, я полечу, когда черный Врубель даст знак. Да, через две недели мы соединимся для "великого опыта".

Товарищ Петя Ростов-Тулупов приходил еще раз уже без Горецкого за моими записками. Я рассказал ему, как в чулане достать у нас лестничку и, прислонив ее к железной печке, взять наверху рукопись. Я там спрятал ее от мышей. Я передал Пете все мной написанное, взяв обещание, что он придет через две недели еще, обязательно накануне двадцать пятого. Придет и унесет главу последнюю о последних событиях...

Я больше не могу писать связно, у меня мысли толчками, будто отара овец там, в горах: чуть без пастуха — разбегаются. Да, мысли мои — одни, без пастуха, и все лезут в голову сразу. А бумаги-то кот наплакал. Иван Потапыч больше не дарит. После сумасшедшего дома говорит: "Пиши сверху писанного, не все ли тебе равно!" Что же, напишу самое главное про себя и про Михаила.

Шеф жандармов солгал, царь с ним видался.

Как я об этом узнал? Хотя не сказка, но похоже на сказку. Мне все рассказал Яков Степаныч.

Он сам отворил мне дверь. Комната была узкая, помню половик из разноцветных тряпок, какой плетут чухонки зимой. Яков Степаныч меня узнал; не только не удивился, а будто бы ждал:

— Посидите на диванчике, пока я отпущу пришедших; уж извините — приходят.

Он поклонился, пошел в комнату рядом, но дверь не закрыл за собою, и разговор мне был слышен. Мерцала из угла лампада, чернел темный лик. Я почему-то подумал, что Яков Степаныч старообрядец.

— Опять, батюшка, запил, опять, — говорил со слезами старик, вероятно — про сына. — Убить я могу, гажусь я им, опоганел он мне... Легче убить его мне, чем злобой давиться.

— Немедленно передай торговлю старухе, а сам вон из дому, вон! Стань работать, как давеча, год назад. Кули потаскай, гнев разгони: сам родил, сам. А порешишь его — не исправишь. Отопьет сын свое, я его в мыслях держу, отопьет — сам ко мне придет, как тогда, адресок вспомнит. Год целый не пил, а сейчас два не станет. Опять оступится, опять подбодрим. И прутья целым веником никому не сломать, а поодиночке — мигнуть не успеешь.

— Верю, отец, тебе, верю, — сказал восторженно старик и земно поклонился Якову Степанычу. — Пойду отработаю за его душеньку и всю выручку нищей братии...

Старик вышел, высокий, в пальто, с седой бородкой, похоже — небогатый купец. Мне он поклонился со словами:

— Не печалуйтесь, барин, и вас Яков Степаныч, отец наш, рассудит.

Яков Степаныч сам проводил гостя, запер дверь на засов и, вернувшись, еще раз весело сказал мне:

— Извините-с.

Он принимал теперь старуху.

— Уж плачу, рекой изошла, в ногах у ей вяну... не слушает! — ноет старуха. — Как это села она уже три дня на сундук, ни пищи, ни сна, глаза что чашки, уставила в угол, молчит. Опять, видно, в петлю затеяла. Кум да кума с ней, а я к тебе: облегчи, отец.

Старуха свалилась на пол. Яков Степаныч строго крикнул, подымая:

— Ленива ты, мать! Себя лишь слезами тешишь, а ей твои слезы — банный пар, вконец запаривают. А ей надо б силы поддать. Силушки жить у иного нехватка, бодрить надобно строгостью, да не с бабьей злостью твоей, а с одним гневом за лик человеческий. Эх, глупа ты, мать, что с тебя взять! Хоть силком, с кумой и кумом, тащи твою дочку ко мне, а не расположится скажи: сам, старик, к ней зайду.

Яков Степаныч проводил благодарившую старуху, опять запер засов и, как добрый врач, сказал мне:

— Пожалте-с!

А у меня вдруг пропала охота с ним говорить.

"Василеостровский гипнотизер, — подумал я, — он, чай, и меня включил в число своих клиентов. И куда это платить ему: на стол или в руку?"

Комната была очень чистая. Вся беленая, без обоев. Постель, стол, два стула, на которых мы сидели, и все белое, но на больничный номер не похожа. Полка книг над столом. Я с изумлением отметил Ренана "Жизнь Иисуса" по-французски.

Яков Степаныч тотчас это заметил.

— Ренан вас дивит? Это Линученко мне подарил. Всю книгу

с начала до конца самолично мне перевел и на память оставил. Вот завтра на хутор поедете, так особенно поклонитесь ему; твердый он человек.

Старик взял меня за руку и взглянул ясными, на первый взгляд простоватыми глазами.

— Я вовсе на хутор не собираюсь, откуда вы взяли? — сказал я, защищаясь от неприятного мне напора чужой воли.

— Обязательно соберетесь, обязательно... — очень серьезно сказал Яков Степаныч, — сами увидите, что иначе нельзя. Я о вас всю неделю подумывал. Адресочка не знаю, да и сказывали люди о вас, что вы с самого дня казни и дома-то не ночуете.

— Что вы, сыщик, что ли? — вдруг рассердился я.

— В особенном смысле, пожалуй, что и да, — усмехнулся Яков Степаныч, — без сыска и помощи не окажешь. Но перейдем к делу. Дело важное есть. Из-за этого дела я пристально дни и ночи о вас думаю, и вот посчастливилось: ведь всплыл у вас адресок-то, припомнили...

— Колдун вы, что ли? — Я хотел, чтобы меня возмущал шарлатанский прием старика, но внутри я ему почему-то сразу поверил.

— Никакого колдовства на свете и нет, сами вы знаете, и я знаю, спокойно заговорил Яков Степаныч, — а может быть только большая воля у человека, У одного — к добру, у другого — к злу. В обоих случаях, если при тщательном управлении пристально думать, достигаются вещи, которым принято изумляться, а они вроде как телеграф. В Индии всякий голый факир, как фокус, делает... И у нас есть мужички. Я дедом обучен. Но не во мне сила. Я вам имею сообщить секретное дело для Линученка. Про такое не написать... Ну, словом: того офицера, заключенного в равелине, о котором денщик ваш Петр тогда при мне говорил, я на днях видел.

Яков Степаныч, лампада и темный лик спаса вдруг подернулись голубой мглой. Мгла поплыла, стало темно.

Измученный безобразным пьянством, бессонными ночами, я не выдержал внезапности сообщения. Очнулся я на белой кровати Якова Степаныча. На голове у меня был компресс. В комнате пахло чебрецом и мятой. Яков Степаныч ласково и по-бабьи, как бабушка, хлопотал вокруг меня, причитая:

— Прости, родной, прости, голубок, огрел я тебя, как медведь пустынника! Просчитался, старый дурак. А уж износил ты себя, износил...

Я совершенно пришел в себя и сел. Яков Степаныч взял меня за обе руки. Уже не защищаясь, я повлекся к нему с

171

детским доверием. Просто узнал: все, что скажет он, чистая правда.

— Оправился? Ну, испей капель и лежи себе ровно, а я расскажу по порядку. Запомнить ты должен слово в слово. Сам поймешь, как услышишь. Этого записать нельзя.

И вот то, что я запомнил.

Граф Шувалов неделю тому назад присылал за Яковом Степанычем, принял его тайно и дал приказ: ночью, около часа, ждать его близ решетки дворца направо к Неве. У Якова Степаныча с Шуваловым дело не первое: он был истопником во дворце по рекомендации кума, тамошнего служащего, и граф его очень отметил: был у него на дому, уверился, что он не болтун, компании не водит, а живет по своей линии. Яков Степаныч через это доверие графа, по словам Линученка, оказывался многим полезен.

Итак, ночью Яков Степаныч был у решетки дворца, далеко до часа. Вот видит: карета Шувалова. Кучер его признал и по данному знаку сейчас же взял на козлы. Открылись бесшумно ворота, кучер подъехал к дворцу, ночь черная, зги не видать, на дворе часовые, у кареты два жандарма.

Вышел граф, жандармы вынесли кого-то, за темнотой не разобрать. Рост высокий, на ногах и руках кандалы. Выйдя, он не хотел дальше идти. Жандармы его тотчас под руки, подоспел третий, подхватил ноги. Лязгая цепями, внесли мигом в тамбур, тот, что внизу, в подвальном этаже; Яков Степаныч с графом вошли следом. Захлопнулись обе двери. На ключ их и на засовы. Тогда осветили большим фонарем винтовую лестницу, что ведет в следующий этаж, в особые покои императора Александра. Жандармам с револьверами наготове граф приказал остаться у наружных дверей, как только ввели через порог этого человека. Дверь за ним запер граф собственноручно. Якову Степанычу приказал стать в первой комнате у бронзового бюста Михаила Павловича и по первому знаку кинуться на помощь, если приведенный станет бесноваться. Яков Степаныч запомнил, граф так и сказал: "бесноваться". Сам же граф вынул револьвер и, держа его в левой руке, правой открыл следующую дверь в спальню и вполголоса доложил сидящему у окна.

— Мы прибыли, ваше величество!

Граф взял под локоть нежданно послушного узника, с трудом переступавшего по ковру, звеня кандалами, и продвинул его за собой. Горели свечи в бронзовых канделябрах на столе. Царь сидел спиной к окну, к тому, что выходит на Неву и Адмиралтейство. На окнах были тяжелые двойные

172

занавеси. Шувалов поставил узника направо, наискось от царя; свет бил ему и царю прямо в лицо.

Хотя царя отделял от него огромный письменный стол и в проходе между стеной и столом стоял граф Шувалов с револьвером наготове, за дверью два вооруженных жандарма и Яков Степаныч с веревкой в руках, врученной ему на тот случай, если узник начнет "бесноваться", Александр II был очень бледен и как будто испуган. Между тем высокий человек, стоявший перед ним, если б и захотел, едва ли имел силу что-нибудь сделать. Он был закован. Его руки висели, как плети. Тонкие длинные пальцы ровно вытянуты и прижаты к солдатской шинели, надетой на него, по случаю поездки, сверх арестантского халата.

Он поражал страшной худобой. Скулы на щеках были обтянуты темно-желтою нездоровою кожей, к которой черные как смоль борода и усы были словно приклеены. Невыразимое страдание было на лице его. Зрачки глаз, яркие и большие, как бы вопияли к кому-то, моля о сознании. Высокий лоб был мучительно сморщен, длинная шея вытянута, все тело застыло в неслыханном напряжении.

Он хотел и не мог что-то припомнить.

Возможно, что граф не предупредил узника, что везет во дворец для свидания с императором, или же, предупрежденный, от слишком большого волнения заключенный сейчас был разбит.

— Я думаю, что он не понимает, где находится, — сказал царь Шувалову, — предлагаю вам ему разъяснить.

Шувалов подошел близко к закованному человеку и сказал ему, как говорят глухому или иностранцу, излишне расчленяя слова:

— Государь по своему милосердию оказал вам неслыханную милость, приказав привезти вас из крепости во дворец. Шестилетнее заключение, надо надеяться, привело вас к полному раскаянию в злодейских помыслах вашей юности. Откровенно назвав всех вовлекших вас в пагубное заблуждение, вы тем самым смягчите свою участь. Вы поняли? Пред вами сам государь.

Вдруг узник выпрямился, закинул голову назад, глаза его загорелись дивным огнем...

Помню, тут Яков Степаныч показал мне на проповедующего Иоанна Крестителя на гравюре Иванова, висевшей у него на стене. Михаил вдохновенный действительно на него был похож.

173

Голосом хриплым, лающим, отвыкшим издавать человеческие звуки, узник произнес:

— Самозванец!

И, взмахнув рукою, гремя цепью, крикнул еще громче, сделав шаг к императору:

— Самозванец! Царя давно нет, я его смертью купил благо народа! Я даровал конституцию... Приказываю вернуть Чернышевского! Министрами Огарева и Герцена. Чего стоишь идолом? — кинулся он к Шувалову. — Беги! Выполняй! А этого самозванца... — Узник повернулся к побледневшему царю. Вдруг он словно признал его. В бешенстве, потрясшем все его тело, он поднял оба кулака над головою и крикнул:

— Палач! Да здравствует Польша! Да здравствует свободная Россия!

Шувалов стремительно закрыл узнику рот, крикнул Якову Степанычу:

— Держи его за руки!

Яков Степаныч подскочил, но держать ему пришлось падающее без чувств тело узника, силы которого надорвались.

— Ваше величество, — сказал Шувалов, — вы видите, он совершенный безумец. Прикажите, быть может, перевести его в Казань, в дом умалишенных? Это — отдаленное место, где держать его можно в одиночестве.

Царь встал, молча подошел к распростертому на полу бесчувственному страдальцу и долго смотрел на него. Страшно бледное лицо его дрожало от неразрешившегося гнева. Холодно и недовольно глянув на Шувалова, он сказал:

— Пусть узника водворят на прежнее место, — и, помедлив, прибавил, — для примера.

Шувалов впустил жандармов. Все еще бесчувственного человека они подняли и унесли. Яков Степаныч отметил: как у мертвого, в одну сторону свисали его руки, окованные кандалами. Страшно выдавался орлиный, заострившийся нос из-за впавших щек и черной спутанной бороды.

Вот что я запомнил на всю жизнь — слово в слово.

174

Глава восьмая

Опять на родине

"Помимо занятых клеток, в мозгу человека есть еще масса свободных клеток для ощущений и представлений новых, имеющих еще проникнуть в мозг данного индивида, словом — запасной склад клеток, незанятых и свободных, куда можно было сложить будущий материал...

И дальше по Мейнерту: клеток в мозговой корке от 600 до 1200 миллионов, количество же наших представлений несравненно меньше. Кроме того, сила человека тратится в каждодневной жизни на прохождение волевых импульсов по проводниковым путям. Да, на это времени тратится в пять раз больше, чем на образование представлений.

Ну-с, а если волевые импульсы прекратить и всю силу собрать на одно? И кто знает, какие новые представления, а за ними какие новые открытия станут уделом незанятых клеток? Быть может, человек вновь откроет..."

Эту выписку нашел я на листке голубой бумаги, написанной тончайшим, но не женским почерком, в старой "Ниве" с картинками, которую дал мне смотреть Иван Потапыч. "Ниву" же он вчера выменял на махорку еще с пайковых времен.

Я потрясен этой запиской. После слов "вновь откроет" приложен рисунок колеса Фортуны: колесо с двумя крылышками, летучее.

Да ведь это — как раз то, что мы с черным Врубелем знаем. Ко-ле-со!

Все у нас точно условлено, старший врач прозевал. Ему б нас рассадить, а не оставить шептаться. Дошептались, хе-хе...

Попросим у Ивана Потапыча ножницы. Надо вырезать кое-что из газетной бумаги, а ножницы он не дает. Повернулся ко мне от бритья, щека в мыле, скосил глаза под кустистой бровью, и будто не Ивана Потапыча голос, а того... художника черного:

— Проткни горло, проткни!

Ну, конечно. А я-то мучился, я позабыл...

Проглотить колесо надо накануне, чтобы за ночь оно вставилось в кадык, как пропеллер.

А днем, едва толпы народа заполнят проспект и музыка хватит под окнами, надо впустить воздух, чтобы началось вращение колеса. И вот я забыл... что именно для этого нужно сделать?

Утомленный мельканием колеса жизни, я овладел ключами, я прочел книгу, я понял символы. И мне разрешено передать мое знание. Для передачи нужно общепонятное действие.

Посредником между центрами движения и чувствительности служат нервы. Ну, а передачу между глубоко скрытым центром полета и первым удачным взмахом рук-крыльев еще надо создать!

Но мы догадались. Близка наша благая весть и другим.

Теперь ясно: на улицу Иван Потапыч меня не отпустит. Бежать у меня нету силы, ноги колодой. Придется лететь одному. К черному Врубелю я уже послал с этим известием воробья. Открывали форточку, и влетел воробей. Как только я сказал ему адрес, он вылетел, и напрасно Иван Потапыч собрался ловить его длинным сачком: воробей — по-польски ведь Врубель, хе-хе...

Колесо, по моим просьбам и слезам, вырезали девочки. Каждая по колесу. Если одного будет мало, проглочу и другое. Но, пока Иван Потапыч не сказал: "проткни горло!" — я не знал, как мне принять воздух из сфер. Впрочем, как уже сказано, через Ивана Потапыча шел мне приказ от иного учителя.

Теперь только одно: к двадцать пятому октября украсть ножницы!

Я стал очень волноваться. Кричать я боялся, но каждый раз, как Иван Потапыч проходил мимо меня, я вытягивал шею и шипел, как змей. Деликатней и ясней нельзя было объяснить ему, что, задерживая мировое открытие, он уподобляется пресмыкающемуся. Но по невежеству Иван Потапыч не понял ничего, а девочки по невинности очень смеялись.

— Пиши свои сочинения! — крикнул мне Иван Потапыч и, как ему теперь стало обычным, сунул мне в руку перо.

Только взял я перо, как увидел на печке Якова Степаныча. Он сначала был маленький и похож на "американского жителя". Ему это было надо, чтобы сползти с печки по бечевке от душника. Когда он подходил ко мне, он был уже обычного своего роста, в люстриновом блестящем пиджачке, серебряный и румяный. Обе руки положил мне на голову.

— Успокойся и людей не пугай! Возьми глиняного петушка и Вере Эрастовне передай все, что видел.

Я взял глиняного петушка, и он перенес меня на хутор Линученка в комнату Веры.

Или нет, нет. Я ехал долго: и по железной дороге и на тройке мимо пожарища былой лагутинской усадьбы... Впрочем, не все ли равно, как я добрался, раз я попал?

В комнате было светло от первого выпавшего снежка, окна только что вставлены, чисто промыты. Сквозь стекла гляделись какие-то кудрявые молодые деревца. Они не хотели сдавать земле свои еще крепкие листья и предерзостно зеленели, продираясь сквозь снежную пелену.

Вера лежала высоко на подушках, покрытая из разноцветных шелков испанским одеялом. Это одеяло я помню с детства. Когда она бывала больна, я сидел около, и мы играли. Гуляли, как по парку, по дну морскому, по лунному кратеру — по тончайшим оттенкам шелковой ткани.

Вера смотрела в окно и не заметила, как я тихо вошел с Линученком. Я с трудом узнал ее, так она исхудала. Она была прозрачно бледна, косы, без прежнего золотистого блеска, мертво и ровно лежали по плечам.

— Вера! — позвал Линученко. — Сережа приехал!

Она легко повернула голову. Глаза ее — огромные, пустые — в какой-то надежде глянули на меня. Она чуть протянула мне руки. Я встал на колени. Я взял эти бледные, слабые пальцы и приник к ним губами. Как я мог забыть ее? Я любил Веру за то, что не мог разлюбить. Едва видел ее — я любил.

— Он с вами видался? — спросила она, не называя кто.

— Он был накануне и просил меня вам передать, что больше ему ждать нельзя, он чувствовал себя очень больным. Он посылает вам любимое, что осталось от детства.

Я отдал Вере глиняного петушка. Но едва она взяла его и слезы безмолвно полились из глаз, мне стало невыразимо мучительно. Повинуясь сложным и едва ли добрым чувствам, не щадя ее слабости, я сказал:

— А Яков Степаныч видал Михаила. Он был свидетелем его свидания с царем. Михаила в кандалах привезли во дворец.

— Что вы делаете? — вскричал Линученко.

— Говорите, Сережа, я умру, если вы мне не скажете...

Она села. Судорожно сжала петушка, как бы держась за него — совсем как делал это я, когда бродил как безумный после покушения в Летнем саду.

Я ей все рассказал. Она слушала, не двигаясь, не дыша, так, что мне вдруг показалось, что она умерла. Я прервал речь и кинулся к ней. Она отвела меня рукою и твердо сказала:

— Я слушаю. Я все понимаю. Не пропускайте ни слова.

Когда я кончил, она повернула голову к Линученку, долго молча смотрела и выговорила с мольбой:

177

— Друг мой, никого, кроме меня, не посылайте по Волге! Я в Казани останусь. Ведь когда-нибудь его туда привезут.

Вера откинулась на подушки и закрыла глаза. Я вышел вслед за Линученком.

— Зачем вы ей рассказали? — начал он и перебил себя: — Впрочем, для нее так лучше. Для нее, не для вас.

Он испытующе и жестко мне глянул в лицо.

— Однако я сейчас не могу говорить с вами, придите ко мне поздно вечером. Но придите непременно!

Я пошел бродить по местам, родным с детства, с ними прощаться навеки. Я был уверен, что больше сюда не вернусь. Кончилась эта жизнь...

Ведь каждый живет несколько жизней. Изживает одну, временно пребывает, как труп, нет — как земля, под снежным саваном с мертвой травою и с глубоко дремлющим новым семенем. И, как земля от морозов, от лютейшего горя отходит убитый человек. Опять держится, опять, как и все, заполняет каждый свой день. Только ночи не те. Ночью у того, кто знал смертную муку, сама смерть держит сердце в руках; сама смерть не дает ему сна, не дает отдыха.

Но это ночью.

Наутро я уезжал на Кавказ. Сейчас я пошел по избам прощаться с молочными братьями, с крестниками, с кумовьями. Там мне так усердно наливали настойками "посошок" в дорогу, что, перед тем как идти к Линученку, я прошел к круглому озеру, к Ведьмину глазу, чтобы отрезвиться.

Вот и большой камень, где семь лет тому назад сидели мы втроем, полные муки и надежд, каждый своих. Сейчас один из нас — безумец, погибший для жизни, а мы с Верой — разбитые люди.

Но озеро все то же: весь день застывшее, словно зеркало, ночью оно дивно менялось. Тысячеглазое небо отражалось в воде, звезды вверху мигали звездам внизу и зарождали в воде совсем необычайную жизнь, которую не видать днем.

Мелкая рябь, как холодок по взволнованной коже, пробежала от одной звезды до другой. Под мелкой рябью чье-то смутное очертание, большое и темное, заколотилось глубоко на дне. Словно хотело оно вырваться, родиться наружу, и не умело.

На синее небо вышла луна, белыми лебедями проплыли облака. Луне отдавая почет, отступили вглубь звезды, и, как созревшая равнодушная красота, смахнув облачных лебедей с чистого неба, в свое чистое зеркало озеро, на себя одну залюбовалась луна.

Вот на дне закипели ключи: из вязкого ила, из тяжких пут водорослей, в судорогах выбивалось наружу плененное. Выбралось. Ударило в зеркальную гладь и на миг, на один только миг, разбило уверенный точный круг луны в миллионы сверкающих искр. Огнем зажгло озеро. На миг, на один только миг.

Ушла луна, огни умерли. И, торжествуя над усмирившимся бунтом, звезды вверху улыбнулись звездам внизу, как древние авгуры, храня про себя свою тайну.

"Но едва взорвешь все пограничные камни, земля станет легкой, и ты полетишь!" Кто сказал это, кто? Все равно кто. Он сказал, а я сделаю.

Полечу. По-ле-чу.

Прошло полвека после этого разговора, а я до сих пор ненавижу его, Линученку. Этот человек обобрал меня и оставил жить. Есть вещи, которых или нельзя говорить вовсе, или, сказав, надо человека прикончить. Впрочем, мало кто подозревает силу слова, мало кто умеет действовать словом как оружием. Люди ссорятся, любят, изменяют, порой убивают, и все это как-то помимо друг друга. Каждый выставил в жизнь вместо себя заместителя, а сам скрыт.

Линученко добрался до меня самого, до того, кого знал только я. И только сам себе, и то в иную минуту, имел я силу сказать то, что открыл во мне, не повышая голоса, этот приземистый неприятный человек.

— Вы, я слышал, едете на Кавказ? — сказал Линученко, запирая комнату на ключ, чтобы никто не вошел. — И, надеюсь, надолго?

— Еду. Но почему вам приятно "надеяться"?

— Потому что иначе мне пришлось бы вам предложить прекратить с нами общение. Мы переходим на такую деятельность, которая безразличных свидетелей не выносит. Дальше недопустимо быть вам не с нами и не против нас. И еще я хотел вам сказать... как видно, вы сами не знаете... мне дает на это право известная привязанность к вам, как к человеку, знакомому с детства.

— А я думал, вы меня презираете, — вырвалось у меня.

— Пока не за что, насколько я знаю, — он сказал без улыбки, что меня очень кольнуло. — Но предупредить вас мне очень хочется. Вы разрешаете?

— Я вас прошу, — сказал я, ненавидя это скуластое твердое лицо.

— Вы уже не юноша, а все еще безответственны. Между тем пора бы знать вам, что мысль, чувство и воля должны быть

179

согласованы. Говоря вашим военным языком, вам пора сделать себе инспекторский смотр, мобилизовать свои силы, наметить себе в жизни ту или иную позицию. Несобранные люди худшие из предателей.

И, сверля меня узкими зелеными глазами, он бросил:

— Признайтесь, вы пытались изменить участь Михаила? Я уверен, что вы говорили с Шуваловым.

— Разве попытка смягчить участь друга, хотя бы и неудачная, есть предательство?

Мне показалось, что человек этот говорит оскорбительные вещи, но я не чувствовал гнева. Он говорил так бесстрастно, как какой-нибудь старший механик, сосредоточенный на том, чтобы части машины были свинчены скоро и точно.

— Если вы, хлопоча за Бейдемана, допускали по вашему слабоволию, как сейчас вы это сделали в разговоре с Верой, хоть тень чувств иных, разрушающих ваше стремление ему помочь, — вы его так или иначе предали. Разве вам не известно, что капля собачьей крови, привитая кошке, убивает ее? Там, где нет цельности воли, лучше не действовать. В вас этой цельности нет, а вы, как я уверен, действовали. Фактов я у вас не спрашиваю. Формально вы даже можете оказаться правы. Из своей среды вы вышли, но и к нам не пришли. Мы же — сплав одного металла. Прощайте!

Я опять подумал, что, быть может, надо вызвать его на дуэль, но вместо этого я поклонился ему сухо и сказал:

— Прощайте, если это вам угодно. Я еду завтра навсегда. Но я хочу видеть Веру наедине.

— Хорошо, — сказал Линученко, — все равно больше повредить ее здоровью, чем вы это сделали, вы не можете.

— К черту ваше менторство! — закричал я, теряя терпение. — Я к вашим услугам. Можно и без секундантов, на жребий... Американская дуэль.

Он посмотрел на меня отрывисто и прямо, как смотрят, кидая слово "дурак", но слова этого не сказал, пожал плечами, открыл дверь и вышел.

Ночь я не спал, я считал, сколько раз я предал Михаила. Я насчитал четыре. Да, благодаря вмешательству моей воли, судьба этого человека четыре раза была мною повернута. А воля моя была не из чистого, не из цельного сплава. Следовательно...

Первый раз я дал Мосеичу "Колокол", чем помешал соединению Веры и Михаила. Второй — я внушил Шувалову иное освещение всего дела, чему следствие — Алексеевский равелин, а не дом сумасшедших, откуда бы друг мог бежать.

Третий раз я, чувственно увлеченный Ларисой, с пробудившейся завистью к безоружному другу лишил его мощной заступницы. Четвертый и последний раз, вовсе не помышляя об освобождении друга, а лишь желая разрядить свою собственную боль, я подвел его, уже безумного, под вечный гнев Александра II.

Пусть оправдывают меня присяжные судьи. Я в старости знаю лишь то, что я знаю.

Не только твой поступок — твоя злая мысль, твое злое чувство могут быть той решающей тяжестью, которая потянет книзу горькую чашу чужой судьбы.

Глава девятая

Паук и удод

Я слежу за окном. Сегодня чуть было не случилось несчастья. У Ивана Потапыча вышел спор с девочками; он требовал, чтобы окно замазали, девочки стали плакать и божиться, что замажут двадцать шестого. Все к тому, чтобы двадцать пятого был мой последний бой. Осталось несколько дней.

И еще мне сегодня знаменье, что решение взято правильно: за стеклом между рамами незамазанного окна, моего окна, появился...

Появился паук.

Едва я его приметил, как Иван Потапыч, о ком-то повествуя, выразительно сказал:

— Преданный друг.

Какое слово, какое слово! Ведь не иное, а это — выражение сильного чувства дружбы. Да, да, друг только и дорог, когда он предан.

У меня есть преданный друг паук.

Как странно. Веру не должны были повесить, как того... с серо-голубыми глазами. Отчего же лицо ее было, как у него, мертвенно-синее, когда я сказал ей, что уезжаю навсегда.

Мы молчали. Я держал ее за тонкие пальцы, потом, указывая на испанское одеяло, я сказал:

— Вот и опять мы с вами, Вера, как, бывало, мальчик и девочка, прошлись по разноцветным шелкам. Не правда ли, пусть кто хочет нанимает квартиру, пусть кто хочет покупает гарнитуры в гостиную и множит детей. Мы начали и мы кончим тут, в разноцветных шелках испанского одеяла. Я не знаю, что это было у вас; у меня, сколько бы женщин я ни знавал, — это была только любовь. Неистребимо единая, как у бедного Вертера. Прощайте ж, моя любовь, навсегда, я еду на Кавказ.

— Навсегда, Сережа?

Она была так поражена словом "навсегда", что внезапно я понял: она привыкла считать меня своей собственностью. Кроме того, с моим отъездом обрывались все связи с ее личным прошлым и оставалось на долю ее одно лишь суровое служение революции под железной рукой Линученка.

И вдруг на миг, на один только миг, мелькнуло в глазах ее не Верино, а простое, женское... И я понял: она испугалась.

— Навсегда, — твердо сказал я и, вспыхнув от всплывшей в памяти отповеди Линученка, добавил гневно: — Довольно быть мне при вас прикладным.

— Сережа!

Необычайная, впервые ко мне обращенная нежность пришла слишком поздно. Я был измучен, я был разорен. В этом выражении ее глаз, о котором мечтал я тщетно столь долгие годы, в ту минуту я лишь злобно прочел: она прикидывает, а вдруг можно со мной нанять ей квартиру, купить гарнитур и завести детей. Главное — детей. Ведь женщины в отчаянии, как заяц в кусты, вечно прыгают в этих детей.

— Навсегда, Сережа!

И в этот миг, мной угаданный, вернее по низкой злобе придуманный, случилось последнее ужасное несчастье...

Я выпустил ее руки и встал. Я ее разлюбил.

Неправдоподобно?

Нет, именно так и бывает.

Впрочем, понимаю я это только сейчас, а тогда я не знал, что я разлюбил. Мне только стало вдруг томительно скучно, но и вместе необычайно легко, будто я весь стал пустой. Только бы выйти из комнаты, только б уехать.

И вот уже не я, а она сказала с мольбой:

— Если я вам напишу, что мне необходимо вас видеть, вы приедете, где бы вы ни были? Обещаете? В память прошлого нашего детства, в память юности...

Я молча стоял у окна.

Она, угадав, что со мной произошло, но, как и я, не умея назвать, приподнялась и сказала:

— Ну, в память Михаила?

Она нашла верное слово. Я подошел к ее постели и, протягивая руку, сказал:

— И в память того, другого, кто дал нам глиняного петушка. Клянусь честью офицера, что приеду, где бы я ни был. Знаю, что зря вы меня не позовете.

Мы не поцеловались. Я приложился к ее руке, как к руке покойницы, и вышел.

Помню, я ехал на Кавказ совершенным мерзавцем. По дороге пьянствовал, играл в карты и твердил каждому, что возвышенно любимая женщина потребовала, чтобы я ей купил малиновый гарнитур. А жениться я — черта с два! Мне черный

Врубель сказал, что каждый человек должен себя выразить художником. Завершиться и выразить, а в промежутке между человеком и невыраженным художником каждый просто-напросто негодяй.

Я был в промежутке. Как этот паук между окон. Однако скоро он ткет. Трудись, славный ткач! Он на чьей-то руке... Чья рука на такой высоте? И засучен по локоть рукав. А, это тетушка Кушина опять делает Михаилу перевязку. Матушка Михаила, будучи им в тягости, испугалась паука. Паук отметил жизнь Михаила.

— В трамвае мужчина нонче как дятел сидит, — жалуется старушка гостья Ивану Потапычу, — а ты перед ним с корзиной стой. Здоровый мужчина сидит.

Солнце ударило в окно. Паутина — золотая игла. Еще такая на крепости. Там сидит. Двадцать один год здоровый мужчина сидит. На руке у мужчины паук. То Михаил — мой пре-дан-ный друг!

Я нарочно поклялся Вере честью офицера, чтобы отмежеваться от них. И действительно, я офицер. Я кавалер орденов: Георгия, Анны, Владимира, персидского Льва и Солнца и многих иных... послужной список при мне. Перепечатан на теменной кости внутри, чтобы скрыть от правительства, как скрыта фамилия. Там же дела мои против немирных горцев.

Кроме войн, было куначество. И чудесный кунак был рыжий имам даже после того, как оказался преступником. Его судили за то, что на груди у жены разводил он горячие угли, пока не прожег ей сердце. Но ведь жена обобрала его и бежала с другим. Он поймал и пытал.

А меня Вера обобрала безнаказанно: когда поняла, что теряет навеки, она в уме прикинула гарнитур. А я ей в ответ: черта с два!

И все-таки: тот, кто воевал с немирными горцами, дружил с преступными, бывал ранен и награжден, заводил любовь с татарками и офицершами, тот был не я, а черт знает кто.

Я же был и остался невыраженным художником. И поэтому я копил в памяти все восходы, закаты, запах горного воздуха, блеск кинжалов в попойках с резней и многое, не нужное никому. Я из лиц человеческих скопил три лица: лицо Михаила, лицо того, кто был повешен, и лицо Веры, которая для сердца моего умерла. Остальные мне были — блины. И, сам блин, жил с блинами. И когда ели блины, мы их запивали аи.

Но ордена я любил надевать и за честь офицера держался.

И когда пришла эстафета от Веры из Казани с просьбой ехать немедленно и спешно — я выехал.

....

Девочки очень смеются, мешают писать, допишу ночью; уже двадцать третье.

Девочки себе вшивают для сладостей большие карманы, их будут угощать комсомольцы. Пусть тащат — дело детское.

Глава десятая

Миргил

Я пишу ночью. Колесо проглотил. Устанавливается в кадыке. Легкая щекотка, но терпимо. Я лишен речи: мычу. Впрочем, речь ни к чему. Но завтра иное действие... убедительнее речи. В мозжечке кружится кое-что, набирает пары. Допишу, брошу перо и до утра продержу затылок ладонями, а локтями: мах, мах!

Этому я научился от Михаила. Я же сказал: Михаил Бейдеман и Сергей Русанин — одно. Понемножку и сделалось: пятками в его пятки, темечком в темя, и вместо имен Михаил и Сергей: вышло имя новое: Миргил. Имя художника, который взорвал пограничные камни. Миргил полетит!

Я сказал: так стоял Михаил Бейдеман в одиночке, когда мы с Верой к нему вошли. Да, клянусь, это так было. И не сейчас, после смещения времени, а в самых настоящих человеческих днях с боем часов.

Да, пробило в коридоре дома умалишенных ровно шесть, когда подкупленный фельдшер Горленко провел меня с Верой к безумному таинственному узнику за номером 14, 46, 36, 40, 66, 35 и т. д.

Под этими цифрами, как сейчас стало известно, зашифровано было: Михаил Бейдеман.

Последними, несказанными усилиями мозга, уже перерождающегося в части дивного механизма для полета Миргила, я постараюсь передать то, что было в Казани.

Получив Верину эстафету, я подумал, что она при смерти и хочет со мной проститься. Получая изредка письма от тетушки, я знал, что Вера давно жила в Казани вместе с бывшей крепостной женщиной Марфой, а Линученко, как я узнал из газет, по участию в первом марте был давно сослан в Сибирь. Вера тоже немало просидела в тюрьме, подведенная плохими знакомствами, как по наивности писала мне тетушка, и, выйдя из тюрьмы, заболела злой чахоткой. Письмо последнее от тетушки пришло в восемьдесят шестом году. Сейчас, когда я, спешно вызванный, ехал в Казань, был конец ноября 1887 года.

Я не видел Веру двадцать лет. Значит, сейчас ей, как и мне, пошел сорок седьмой. Я ехал бестрепетно, холодно любопытствуя о цели моего вызова. По в Казани, когда на окраине города ямщик еще издали указал мне ее квартиру, я

186

вдруг приказал ему остановиться и пешком прошелся раз-другой в переулке, чтобы унять неожиданную острую боль в сердце. Как ни пытался я объяснить себе, что у меня от долгого пути обыкновенный сердечный припадок, сознание, не обманываясь, знало, что это не сердечный припадок, а сердечное чувство.

— Ей сорок семь, — твердил я, — и давно я ее разлюбил.

Наконец вошел. Открыла она.

Вера не была старухой. Горели щеки ее, как никогда, ярким румянцем. Глаза блестели, седины не было видно из-под белоснежной косынки фельдшерицы. Безмолвно мы обнялись и разрыдались. Ведь, не живя, мы прожили вместе всю жизнь.

— Сережа, вы остались один из всех, кто знал Михаила. И Марфу весной унес тиф. Я бы не посмела вас звать, если б была хоть она. Но мне нужен свидетель.

Вера страшно закашлялась, у нее сделалось от волнения кровоизлияние. Доктор уложил ее в постель и, когда я назвал себя родственником, сказал мне, что дни ее сочтены.

Вера, горя той нечеловеческой энергией, которая охватывала ее, бывало, в дни надежды помочь Михаилу, уже на другой день овладела собой и могла рассказать мне, в чем дело.

Марфа, служа в доме умалишенных фельдшерицей, дозналась, что с первого июля 1881 года, в особой, ото всех изолированной комнате, содержится таинственный узник, привезенный под конвоем двух жандармов из Петербурга. Из низшего персонала, кроме фельдшера, никто в эту комнату не допускался. Вера немедленно решила, что это Михаил. Фельдшер на подкуп не шел и ни за какие деньги не хотел устроить свидание.

— Мне удалось умолить его сделать одно. — Вдруг Вера побледнела: — Сережа, а что, если вы не помните? Вся моя надежда на вас! У Михаила была родинка у правого локтя...

— По виду сущий паук, — прервал я, успокаивая, и рассказал ей эпизод с обваренной рукой в салоне тетушки Кушиной. Об эпизоде знала она от отца.

— Теперь я спокойно могу умереть, — сказала Вера, — свидетель есть. Сережа, фельдшер сказал, что родинка-паук на руке у безумного больного... Это было как раз пред внезапной болезнью Марфы. Сейчас этого фельдшера переводят в другой город, и за большую сумму он склонен дать мне свидание. Я говорила про вас. Ваше звание и чин на него сильно действуют. Подите к нему завтра же и устройте, чтобы назначен скорей был день и час. Мне осталось недолго.

Все уладилось. Подкупленный фельдшер назначил нам

первое декабря в шесть часов вечера. Он сказал, что узник очень слаб, вероятно протянет недолго.

Первого декабря мы забрались за два часа в жарко натопленную комнату фельдшера в нижнем этаже здания, вблизи одиночной камеры узника. Нас не должен был видеть никто из персонала больницы. В половине седьмого, когда все мимо нижнего коридора пошли на обед, фельдшер сделал нам знак, взял ключи и повел в одиночную камеру.

— Одну минуту, — сказала Вера, когда повернул ключ, — одну минуту.

Она не могла дышать. У меня самого подгибались ноги. Нам предстояло увидеть Михаила после двадцатишестилетней разлуки.

— Он седой? — спросил я.

Надо было что-то узнать, как-то приготовиться, как готовятся к зрелищу дорогого покойника...

Фельдшеру вопрос показался пустячным, вместо ответа он пробормотал:

— Не дольше десяти минут, по уговору.

Мы вошли.

В большой, давно не беленной комнате, на больничной койке сидело существо. Я не знаю, кто... Ни одной черты Михаила. Как лунь белые волосы и борода. Глаза стеклянные, без признака мысли. Когда он увидел, что мы подходим, лицо его исказилось ужасом; он дернулся в постели, привстал, хотел было юркнуть под койку, но распухшие от колен ноги не пустили, и он, спасаясь от воображаемых мучителей, сделал жалкую попытку улететь.

Вытянувшись во весь свой высокий рост, он заложил руки на затылок, отчего широкие рукава рубахи осели и обнажили иссохшие от худобы заостренные локти. На правом локте чернел явственно паук с тонкими, словно пером прочерченными вожками. Михаил захлопал локтями, как крыльями. Он думал взлететь...

Но он не знал, как знаю я, что нужны ножницы, чтобы через надрез горла впустить себе воздух сфер... Но это будет завтра. Сейчас я должен вспомнить, отчего Михаил стал таким.

Да. Двадцать лет одиночного заключения в равелине. Увезен безумным в казанский сумасшедший дом, где еще шесть лет одиночества. Итого: двадцать шесть лет. Я считал, глядя на этого чужого мне человека, где не было ни одной черты того вдохновенного, прекрасного юноши. Только черный паук на заломленной как птица трепыхавшей руке: мах... мах...

— Михаил, я — Вера. Я пришла... Вера. Я — Вера!

Она говорила голосом, после которого совершается чудо. Она поникла на колени, обняла его ноги. Она не уставала взывать к его померкшему сознанию, как, должно быть, взывал вне себя тот пророк, извлекая воду из скал.

— Я — Вера!

— Вера...

Он повторил хриплым, отвыкшим от речи, но все же своим голосом, ему одному присущим, глухим, глубоким звуком: "Вера..." И он протянул руки. Вере? Нет, не ей, не той, которая вызвала чудо. Ее образу юности, он увидал ее в прошлом...

Лицо его осветилось на миг подобием чувства, но тут же вдруг, утомленный, он рухнул на постель.

Она целовала его длинные, желтые, как у мертвеца, руки. Он смотрел бесконечно утомленными, тусклыми глазами без признака мысли.

— Пора уходить, подведете, сударыня! Пора, пора, — торопил Горленко.

Узнав фельдшера, Михаил радостно замычал и, широко открыв беззубый рот, стал громко чавкать.

— Есть просит, — объяснил Горленко.

Мы ушли. Вместе с фельдшером я довез Веру домой. На другой день она лежала на столе, покрытая белым, такая же чужая, как Михаил.

Я не узнал ее, когда, обмыв ее, со словами "готово" какие-то женщины впустили меня в комнату. Помню: на глазах у этой желтой восковой куклы были медные пятаки. И под одним пятаком поблескивал белый-белый белок.

— Не закрылся один глазок; знать, высмотреть надо ей своего ворога, — сказала баба.

Этот ворог — я.

Я не исполнил и последней Вериной просьбы. Я не рассказал никому, как замучили Михаила, ни тогда, ни в 1905 году, когда ко всем с просьбой пролить свет на это дело обращался один историк.

В архивах все узнано без меня.

А я, не желая себе неприятностей, жил в своей деревеньке и очень часто бывал пьян. Тогда-то в моей голове завелся Верин удод и стучал день и ночь:

— Худо тут... худо тут.

В мозжечке кое-что развивает давление всех атмосфер. Я бросаю перо, держать надо голову, приучать руки к крыльям — мах! мах!

Едва завтра музыка и такие слова: — "Это есть наш последний и решительный бой".

В горло... ррраз!
Головой в стекло — два. И к черту паук!
А над городом плавно Миргил.

Художника — лёт
И нет — лет...

Кавалер орденов — Владимира, Анны, Георгия... пр-ра-вое плечо впе-ред!

www.ingramcontent.com/pod-product-compliance
Lightning Source LLC
Chambersburg PA
CBHW010806250626
47156CB00010B/3022